NOUS, LES BONS VIVANTS

Emmanuelle de Boysson
Claude-Henry du Bord

NOUS, LES BONS VIVANTS

Pour en finir avec les rabat-joie

éditions du
ROCHER

ISBN : 978-2-268-06935-7

Pour Patricia et Alain Kererzoré,
Antony Palou,
Karen et Vincent Trévisani,
Tatiana de Rosnay,
Carole Chrétiennot,
Jessica Nelson,
Stéphanie Janicot,
et François Cérésa,
qui savent vivre.

Avertissement

Bien que ce livre ait été écrit à quatre mains, les auteurs ont souvent préféré employer la première personne du singulier, un « je » qui rapproche de son lecteur, plutôt que le « nous » jugé trop pontifiant. Ainsi aurez-vous, tel est notre désir, l'impression que cette voix qui vous parle est celle d'un ami qui en a assez d'être traité comme un enfant indocile à qui il est nécessaire d'apprendre le monde en même temps que la plus stricte morale et ses flots d'interdits…

I

Réjouissons-nous de pouvoir encore respirer librement, car bientôt même l'oxygène sera taxé. Réjouissons-nous de pouvoir encore manger une douzaine d'huîtres, bientôt, il sera interdit d'avaler un animal vivant ! Réjouissons-nous d'avoir des amis à qui nous pouvons vraiment parler sans craindre de les froisser, car dès que l'on sort du cercle restreint des intimes, il nous faut surveiller la moindre de nos paroles, sous peine d'être accusé de « dérapage verbal incontrôlé »… Je ne sais pas si vous êtes comme nous, mais nous en avons ras-le-bol de la morosité ambiante, de la pensée unique, des pisse-froid, des interdits sous mille et une formes. La prohibition est de retour et ne touche plus seulement l'alcool mais le droit de fumer, de grignoter entre les repas : reste la possibilité de prendre un peu de plaisir en douce, ni vu ni connu, entre deux portes. En Mai 68, le slogan culte était : « Il est interdit d'interdire », quarante ans plus tard, nous en sommes au : « Il est interdit de ne pas interdire » ! Il suffit de jeter un œil autour de soi pour se rendre compte que rien ne va plus, ou plutôt que le pire du puritanisme américain n'a pas eu de peine à gangrener la vieille Europe. Plus le moindre spot publicitaire pour n'importe quelle pseudo-friandise sans que défile, imperturbablement, l'avertissement de rigueur : ne manger « ni trop salé ni trop sucré ni trop gras ». Tout se passe comme si le message en délivrait un autre aussi subliminal que catégorique : ce serait même mieux si vous ne mangiez plus, mais surtout continuez d'acheter, de consommer fébrilement, empilez dans vos placards des réserves – comme si la guerre nucléaire était pour demain matin et buvez un grand verre d'eau claire, entre deux marathons. Vous jetez un œil distrait sur des affiches publicitaires, votre regard est attiré par une belle pinte de bière mousseuse. C'est de la bière sans alcool. Du café sans caféine, des bonbons sans sucre, du lait sans lactose, bientôt l'amour sans sexe (à moins que nous n'y soyons déjà…). Le tout bio rapporte gros en même temps qu'il déculpabilise l'acheteur compulsif.

Le paquet de cigarettes va devenir l'argument d'images dignes d'un film d'horreur sans budget : poumons nécrosés, sourires édentés. La cigarette a été enlevée de toutes les affiches : Lucky Luke a perdu sa gitane maïs, un moulin à vent a remplacé la pipe de Jacques Tati. La cigarette et l'alcool seraient des causes de mort subite, une manière de se suicider au nez et à la barbe de la société, une insulte proférée à l'encontre de ceux qui nous aiment. Dès que nous allumons une clope, nous sommes coupables, jugés, condamnés. Les antitabac espèrent même que vous allez crever dans des souffrances abominables, rien que pour vous apprendre que les bouffées de plaisir se payent cher et que c'est très bien comme ça. Tolérance zéro ! Qui se doutait que ce slogan de campagne allait s'appliquer à tout ce qui nous permet de ne pas devenir comme eux : des pisse-vinaigre, des bonnets de nuit, des donneurs de leçons, des racistes qui s'ignorent, des dictateurs à la petite semaine, des pourfendeurs de petits plaisirs !

Que manger ? Cinq légumes et fruits par jour. Au minimum. Sinon, vous êtes un inconscient, un irresponsable.

Problème: pommes et fraises n'ont plus aucun goût. Autant se faire des tartines de savon, faire cuire des éponges. Les fondamentalistes, les pros de la santé sont formels: fini les confits, les rognons sauce madère, le faisan arrosé de nuits-saint-georges, la crème Chantilly, le cognac, le havane, les dialogues animés, houleux, force huit…

Que faire? Résister, coûte que coûte, n'avoir cure de ces moralistes sans joie de vivre. Dire haut et fort: « Non! Je vois clair dans votre jeu, dans vos manœuvres. Ma liberté ne s'accommode pas de vos intolérances. » Nous, nous préférons l'ivresse des papilles, les conversations sans tabous, les vérités qui blessent, la crème double et les vieux armagnacs.

Rappelons qu'il fut une époque de bons vivants, de viveurs, de jouisseurs impénitents: Casanova, grand amateur de femmes, de viandes, de jeu, de belles-lettres; Apollinaire parlait autant qu'il mangeait: sans cesse; place Clichy, il refaisait le monde, racontait ses balades sur les deux rives de Paris en mangeant des montagnes de choucroute. Rossini inventa le tournedos qui porte son nom; Raymond Roussel faisait ses cinq repas les uns à la suite des autres; Tchekhov mourut, un verre de champagne à la main; Freud et Hemingway étaient fanatiques de havanes, Joyce, de vin blanc de Moselle. Il reste quelques résistants, comme Chabrol qui choisit ses lieux de tournage en fonction des restaurants, publie des livres de cuisine; il reste des restaurateurs intègres qui savent que manger est bien plus que se nourrir.

Pourquoi ce glissement, ce renversement, cette retraite sans sonnerie de clairon? Aurions-nous perdu le goût des plaisirs simples? Allons-nous nous satisfaire de privations? Vivre dans un monde qui bornera son horizon à exalter les vertus puritaines ? Tout se passe comme si la nouvelle morale reposait sur l'ascèse, la rétention, la frustration, le politiquement correct érigés en lois, sans amendements possibles. L'homme du XXIe siècle veut durer, vivre d'autant plus vieux qu'il se sera privé toute sa vie, retenu. Peut-être finira-t-il centenaire, mais sans rien pouvoir transmettre de la joie que procurent ces « excès » fortement déconseillés par la faculté, les gouvernements, les modes. Bien qu'en la matière, il ait si peu, si rarement dépassé les bornes. Avons-nous tous envie de mener une vie de trappiste, quitte à passer à côté de tout ce qui fait justement le sel de la vie ? Et, à force de penser que la satisfaction est impossible à obtenir comme à penser, avons-nous une fois pour toutes décidé qu'il est impossible d'être satisfaits ? Ne se prive-t-on pas, quand on se sent déjà privé, d'avenir, de possibilité de s'épanouir comme de s'étonner ? À force de tout craindre, ne redoutons-nous pas simplement de vivre ? Ne risque-t-on pas de se replier dans un cocon mortifère ? D'habiter une morgue sans le savoir ? Il ne s'agit nullement de faire l'éloge de ce qui précipite notre fin, bien que nous soyons tous mortels, mais de lister les causes possibles de cette crainte de vivre et de les exclure du champ de nos possibles : la dictature du néopuritanisme américain, la culpabilité, l'inculture, la désinformation, les pressions professionnelles, le stress, l'écologie, la malbouffe, l'influence de scandales alimentaires comme la vache folle ou la grippe porcine, mais aussi la toute-puissance de l'État qui travaille à vouloir notre bien à notre place. Cette réflexion s'appuiera sur un voyage dans le temps qui permettra de mettre en relief la problématique actuelle : pourquoi le bon vivant n'incarne-t-il pas un exemple à suivre, mais une exception ? Nous aimerions qu'il devienne une règle de conduite car bien vivre, c'est aussi tout vouloir partager avec ses contemporains, le meilleur comme le pire, se sentir responsable – pour mieux agir sans sombrer dans l'autoflagellation systématique ; c'est vouloir que ceux que nous aimons connaissent cette joie de vivre fondée sur le goût, l'étonnement, la variété des expériences, des cultures, des rencontres. C'est adopter une manière d'être qui n'écarte aucune possibilité de bonheur, même élémentaire, même futile.

Pour vivre, il suffit de respirer et de s'alimenter – quitte à se contenter du pire, « ça remplit », rien de plus –, bien vivre suppose d'être l'ami de ses sens, de posséder une certaine culture, celle du bon plaisir, de préférer l'enthousiasme à la morosité, la confiance au règne de la peur. Bien vivre est un état d'esprit. Il n'appartient qu'à nous de vouloir devenir des centenaires légumifiés, insipides comme un bouillon de poule industriel, bêtes à pleurer, pas même amnésiques puisque n'ayant rien à oublier ; il n'appartient qu'à nous de préférer la vie de Rimbaud, Schubert, Lautréamont, Mozart – tous morts si jeunes – à celle de Jeanne Calment, décédée à un âge tellement canonique que Mathusalem craignit un moment d'être rattrapé, et sans avoir su dire quoi que ce soit d'intelligent sur Van Gogh qu'elle avait rencontré. Lord Rochester, le « méchant comte », préféra en effet brûler la chandelle par les deux bouts, pour ne citer qu'un nom, mais Churchill aussi, qui s'en alla presque centenaire, un cigare aux lèvres. Une vie bien remplie l'est d'abord de passions, de plaisirs élémentaires, d'amour non mélangé… Vous vous sentez coupables en passant devant une pâtisserie, vous êtes un imbécile, un esprit faible. Vous vous sentez coupable en mangeant les ris de veau à la crème que votre belle-mère vous a mitonnés, vous êtes à plaindre. Vous aimez les entraves parce que vous préférez être esclave que libre et sans remords ! C'est un peu comme si l'on choisissait de manger avec Staline plutôt qu'avec Frédéric Dard ! À comprendre qu'Hitler, végétarien illustre et grand buveur d'eau, tenait à sa santé – regardez le résultat ! Vous voulez jouer les ascètes, les détachés, les gourous faméliques, vous en avez le droit, mais ne venez pas vous plaindre que cette compagnie soit sinistre et que l'idée de vous suicider vous traverse l'esprit. Et surtout, ne venez pas nous emmerder avec votre mode de vie qui ressemble au couloir de la mort, avec des ampoules basse consommation. Vous vous plaignez que nous sentons le tabac froid – c'est mieux que le formol ! Laissez-nous préférer les tables de terroir. À choisir, je voudrais m'effondrer d'un coup, comme un pan de falaise dans la mer, en mangeant une oie farcie rehaussée par un grand chambertin, plutôt que de m'éteindre à petit feu, en tête à tête avec une darne de colin froid et un verre de Vittel tiède ! Bien malin celui qui sait ce que sera sa fin ! En attendant donc ce jour inéluctable, autant ne pas remiser sa joie dans un placard et ne rien s'interdire… et surtout pas une bonne table, en bonne compagnie, dans un lieu qui incline au bonheur. Ne pas cultiver l'excès pour l'excès, mais redouter comme le choléra tous ceux qui préconisent la modération, qui rime plus avec castration qu'avec passion : imaginons un instant la tête de l'homme ou de la femme à qui l'on dirait tout de go : « Pour me protéger, pour durer, je vais t'aimer avec modération ! » Rupture assurée. Essayer de dire à un enfant : « Joue, mais avec modération », à votre chien : « Cours après cette balle, mais avec modération », à ce sportif d'y aller mollo s'il veut faire de vieux os, comme dirait Gainsbourg… Allons donc ! Vous voyez bien que cela ne tient pas une seconde. Quand on aime la vie, on n'embrasse pas du bout des lèvres. Le milieu est, par définition, le territoire des médiocres, des ventres mous, des tièdes ; la juste mesure n'est rien de plus qu'un art de se restreindre pour rien, c'est comme vouloir la révolution et y aller en pantoufles! J'aime penser à l'Inuit sur sa banquise: il a faim, mais quand par miracle il arrive à tuer un volatile égaré, une bécasse ou une buse, je ne sais, n'allez pas croire qu'il prendra le temps de faire cuire sa prise, il la plume et la mange encore chaude, question d'urgence et de plaisir immédiat. Pas le temps de finasser. Ce type-là aime la vie comme personne: il ne fait pas la moue, il dévore avec délectation. J'aime l'anecdote où Fontenelle, mécréant joyeux, reçoit un ami abbé: des asperges sont au menu, Fontenelle les préfère à la crème, l'abbé à la vinaigrette; à peine à table, l'ecclésiastique s'effondre sous le coup d'une attaque et le philosophe de lancer à sa cuisinière: « Toutes à la crème les asperges! »; le même, mort plus que centenaire écrivait: « Il est temps que je m'en aille, je commence à voir les choses comme elles sont », tant il est vrai qu'elles gagnent à être vues telles qu'on aimerait qu'elles soient…

Il se peut que vous ne sachiez pas que vous êtes triste comme une ballade irlandaise. Pour en finir avec ces flottements, suivez un conseil simple, faites comme Claude Roy dans *Permis de séjour,* établissez une liste, la plus exhaustive possible, des « bonnes choses de la vie ». Si vous hésitez, c'est mauvais signe. En revanche, si vous ne savez pas par quoi commencer, il y a de l'espoir. Roy cite, pêle-mêle: « En revenant de l'école, à quatre heures, Rose me fait une grande tartine avec beaucoup de beurre sur lequel elle sème un parterre de chocolat râpé. Quand j'ai fini, elle essuie les moustaches que je me suis faites, de gras et de choco. […] Être rempli, en faisant le marché rue de Buci, d'une bonne humeur débordant en bienveillance, qui obtient en effet des marchands de légumes, des passants qui se bousculent un peu, et des "connaissances" rencontrées, la *réciproque*. La belle humeur, ce don gratuit, provoque le don gratuit de son écho. [...] Au demi-clair de lune, après s'être baignés, faire l'amour dans le sable un peu humide à la jeune fille au sexe mouillé et avoir l'impression de faire l'amour à la terre – jusqu'au centre de la terre. Baiser la terre[1]... » Neuf pages de bonheur sans ombre, de joie humaine. Un vrai cordial. Et dans ce mémento, si vous aimez vraiment la vie, vous serez étonnés d'y voir aussi fréquemment évoqués les bons moments liés à la table, à la convivialité, à l'amour qui est, dans son essence, amour de la vie autant que du corps de l'autre. L'odeur du pâté à la viande à peine sorti du four, que ma mère a préparé pour moi. Je le mange encore chaud, tout fumant d'odeurs qui m'enivrent. La tartelette aux fraises sur pâte sablée devenue occasion d'un jeu érotique et gastronomique avec F. Sa langue comme une fraise en mouvement... Le risotto à l'encre de sèche du Harry's bar à Venise, et les coupes de Bellini frappés, champagne au coulis de pêche de vigne sauvage. En sortant sur le Grand Canal, la brise marine pour prolonger ce bonheur que rien n'effacera. La mine réjouie de celle qui partage mon repas. Les capellini de Bologne, sorte de chaussons de pâte fraîche autour d'une Saint-Jacques à point, le tout avec une réduction de crème à la ciboulette, et ce petit vin gris, et le silence de ceux qui mangent aux tables voisines, puis éclatent de rire, tellement c'est délicieux... Mon père de retour de la chasse pose un canard encore tiède sur la table, je colle ma joue sur le poitrail de la bête, le moelleux de son ventre aussi merveilleux que celui d'une femme, mais je n'en sais encore rien. Etc.

---

1. Claude Roy, *Permis de séjour, 1977-1982*, Gallimard, 1983.

Mais si, comme le pensait Stendhal, la vie mérite que l'on collectionne les moments de bonheur (et donc de vérité), ceux-ci n'invitent pas pour autant à la nostalgie chronique. Même si la tentation est grande, lui résister est un signe de bonne santé, lui céder condamne à penser comme Jouhandeau, dans *Réflexions sur la vieillesse et la mort*: « Un moment vient où l'on n'a plus l'illusion de vivre, où l'existence n'est qu'allusive. Un beau jour n'est plus que le rappel d'un plus beau jour d'autrefois[2]. » Et le désespoir l'emporte sur l'enthousiasme et la confiance viscérale. Non, les joies passées contiennent en elles la promesse, sinon la possibilité, de joies futures et le bon vivant n'a nul besoin d'en être convaincu, il le sait. Ses expériences, ses plaisirs le disposent sans cesse à en connaître d'autres, car il sait qu'il saura les provoquer, les apprécier, en jouir sans autre forme de procès… Cet hymne à la vie, il faut peu de chose pour ne jamais le mettre entre parenthèses, c'est une disposition d'esprit comme celle de Jean Follain qui, en pleine guerre, n'ayant rien de substantiel à manger, rien qui vaille qu'on s'en souvienne, écrit dans *À table* qu'au lieu de se contenter d'ersatz, de rutabagas et de topinambours, il tenait le coup en lisant les recettes de cuisine du grand Carême… En un mot, rien ne dissuade le bon vivant de croire en la merveille de la vie, il est disposé à s'étonner, à profiter, à s'enrichir de la multiplicité de « ces plaisirs qu'à tort on juge coupables[3] », dirait Colette. Il « positive », aime autant la bonne compagnie qu'une fricassée, les délices de la conversation et son franc-parler que la spontanéité, l'art d'assaisonner l'imprévu avec le piment de la bonne humeur.

2. Marcel Jouhandeau, *Réflexions sur la vieillesse et la mort*, Grasset, 1956, p. 104.
3. Colette, *Ces plaisirs*, Ferenczi éditeur, 1932.

Être un bon vivant est donc d'abord une disposition intellectuelle, une manière d'être, et ceux qui s'honorent de ce titre sont, par nature, portés à la tolérance, à l'optimisme… Ils ne supportent guère les hypocrites, les bonnets de nuit, les torturés par la culpabilité, les amateurs de régime, de langue de bois, de déjeuner sur le pouce, bien qu'ils manifestent à leur endroit une tolérance hors du commun : ces gens-là, ils ne les fréquentent tout simplement pas ou le moins possible ; ils ont mieux à faire. À leur table, les propos sont plus que rarement censurés, le vague à l'âme compris comme une manière de perdre son temps ; ils savent que si nous naissons égaux en droit, nous sommes inégaux par nature, et que ce qui n'altère en rien la santé de l'un risque de fragiliser dangereusement celle de l'autre : aucun n'a le culte de l'outrance, mais tous ont celui de la simplicité – ils comprennent mieux que personne Prévert qui proclamait : « Je ne suis pas un alcoolique, mais un ivrogne, parce que j'aime l'ivresse » –, y compris celle de vivre ; ils comprennent qu'on puisse ne pas supporter l'odeur d'un cigare sans condamner ni maudire les fumeurs ; ils ne redoutent pas un instant de laisser s'exprimer librement le sauvage qui sommeille en eux, sans censure, sans mise en garde, de peur qu'un jour, à force de tout réglementer, légiférer, on ne puisse plus rien dire sans risquer d'être flanqué en garde à vue !

II

Les Français ont la réputation d'être des amateurs de bonne chère ; il faut tout de suite ajouter qu'ils entretiennent cette renommée. Qu'en est-il exactement ? Sans doute cela est-il vrai pour les générations récentes, celles de nos parents et de nos grands-parents, sans doute aussi faut-il préciser que cette passion pour la table est, dans notre histoire, assez tardive. En effet, ce que nous avons coutume de désigner sous le nom de « gastronome » est, par exemple, une particularité dont l'usage se répand au XIXe siècle grâce à Brillat-Savarin (1755-1826) qui, dans son célèbre ouvrage *Physiologie du goût* (1826), la définit comme « la connaissance raisonnée de tout ce qui a rapport à l'homme en tant qu'il se nourrit. Son but est de veiller à la conservation des hommes, au moyen de la meilleure nourriture possible ». Du grec γαστερ : *gastèr*, le ventre, l'estomac, et de νομοσ : *nomos*, la loi ; la gastronomie est littéralement « l'art de régler l'estomac ». Étymologiquement, elle renverrait au titre d'un traité culinaire rédigé par le Grec Archestratos (IVe siècle av. J-C) et aurait été repris dès le XVIIe siècle. Mais qu'importe ce genre de détail. La gastronomie est d'abord un ensemble de règles qui définissent l'art de bien manger ; elle se distingue en cela du seul plaisir de faire bombance…

Elle est alors indissociable de l'ensemble des règles qui la composent et du soin apporté à la présentation. L'art de dresser une table est bien plus qu'une élégance à l'endroit des convives attendus, il met en scène les mets qui seront présentés, les dispose à les apprécier, décline ce qui flatte la vue, de l'assiette aux fleurs, de l'argenterie à la cristallerie. « Se mettre à table » n'est pas qu'une expression triviale pour dire « avouer ce que l'on sait », c'est d'abord cultiver l'élégance et la courtoisie en même temps que le plaisir de partager un bon moment avec ses invités – un signe de raffinement et de culture, d'ailleurs propre à de nombreuses autres cultures. Et quoi qu'on en dise, il est toujours préférable de passer à table que de vie à trépas.

Est-il besoin de dire que la gastronomie suppose des moyens (même un minimum) qui ne sont pas à la portée de tout le monde – bien manger coûte cher –, même en respectant la sacro-sainte règle de préférer les produits de saison et, dans l'histoire, ce privilège fut longtemps réservé à un petit nombre (qui est allé, heureusement, en s'accroissant). Non sans humour, Brillat-Savarin va jusqu'à écrire que « l'homme d'esprit seul sait manger », sous-entendu « bien manger » – les barbares se nourrissent. Pourtant, cette remarque est d'importance puisqu'elle suppose un ensemble non seulement de règles, mais encore de pratiques, voire un certain état d'esprit. La gastronomie est, en ce sens, civilisatrice. Et les bons mangeurs, de surcroît bons vivants, sont aussi doués pour apprécier un grand plat qu'une douce compagnie, cultiver l'art de la conversation, les délices de la convivialité, l'opéra, les beaux-arts. Le secret du bonheur, certains vous le diront, est dans une fricassée mangée avec la personne qu'on aime et ce frichti-là peut être une truffade ou un reste de bourguignon.

Pour peu que l'on s'amuse à parcourir un peu l'histoire, on s'étonne presque à chaque pas, non sans se divertir de quelques légendes. Dans une admirable préface à un livre simplement intitulé *La Cuisine,* Raymond Oliver, chef durablement couronné d'étoiles, manitou au Grand Véfour plusieurs décennies durant, écrit : « Les Romains furent surpris par la gastronomie gauloise. Ils trouvèrent des fromages savants, tels le cantal ou le bleu de brebis ; ils trouvèrent des oies et des porcs engraissés ; la culture des fèves, de l'épeautre ; des huîtres, la pêche en mer. Ils apportaient des recettes et des techniques ; ils accaparèrent vite les lauriers-sauce à leur seule gloire. Les rois n'y ajoutèrent pas grand-chose puisque Saint Louis ne connut jamais que trois sauces ; Charlemagne passait néanmoins pour avoir introduit une gastronomie déjà qualifiée d'exotique. Louis XIV avait un appétit qui fut qualifié de boulimie chez Louis XVI, et Napoléon n'aimait que le poulet aux olives, l'ail et les anchois. Napoléon III vint mettre un peu d'ordre dans le fatras d'une gastronomie encombrée de sauçailles. Toute la grande époque des cuisiniers français qui allaient faire briller nos couleurs dans le monde entier est née à cette époque ; il y a donc bien peu de temps. On s'est souvent trompé en considérant la cuisine de cette époque comme alourdie par des techniques compliquées, des recherches savantes, et la présence perpétuelle de truffes et de foie gras ; cette cuisine qui fut celle de mon apprentissage est probablement la base sans laquelle rien n'est possible[1]. » L'art de la cuisine n'a donc cessé d'évoluer, passons définitivement sur les abominables ragoûts du XIVe siècle, le peu de diversité (pour nous) des tables médiévales… Oliver ne se trompe pas, il aura fallu beaucoup de temps, d'amour et de patience pour arriver à

1. Raymond Oliver, *La Cuisine*, Bordas, 1976, pages 6-7.

« former » nos palais, à maîtriser les techniques et surtout, il le proclame, l'apparition de deux facteurs essentiels que nous avons quelque peu oubliés : les transports et le matériel (toujours plus adapté)…

Ainsi, le bon roi Henri IV, légendaire défenseur de la poule au pot, était plus porté sur les femmes et les cartes que sur une table bien remplie ; contraint à une certaine frugalité pendant ses luttes avec la Ligue, il semble avoir plutôt pris gaiement son parti de ce régime forcé et nourrissait une passion sans limites pour le melon qui n'est pas le plus digeste des fruits, surtout consommé en quantité. Les repas improvisés retenaient plus son agrément que les banquets solennels qui l'ennuyaient à mourir. Son fils, Louis XIII, avait plus de goût pour la cuisine que pour les femmes… Si l'on en croit son médecin, Héroard, qui tint toute sa vie un journal détaillé des faits et gestes de son roi, le souverain lardait à la perfection, réussissait à merveille les œufs pochés au beurre noir et les omelettes à faire pâlir la mère Poulard ! À vingt-huit ans, Louis assiste au siège de La Rochelle et Héroard relate minutieusement une de ses journées : « Éveillé à six heures après minuit, doucement levé, bon visage, gai, pissé jaune, assez peigné, vêtu. Prié Dieu, altéré, ne veut point de bouillon, prend son julep d'eau d'orge et du jus de citron. Va à la messe, se va promener à pied à la digue ; revient à dix heures. Dîné : deux pommes cuites, chapon pour potage et pain bouilli, veau bouilli, la moelle d'un os, potage simple confit et jus de citron, hachis de chapon avec pain émié, gelée, le dedans d'une tarte à la pomme, une poire confite, trois cornets d'oublies[2], pain assez ; bu

2. Il s'agit d'une pâtisserie fine, de forme ronde ; ordinairement roulée en forme de cylindre creux, on lui donne le nom de « plaisir » quand elle a la forme d'un cornet.

du vin clairet fort trempé ; dragée de fenouil. [...] À six heures, soupe : potage et hachis de chapon avec jus de veau, potage confit avec jus de veau, veau bouilli, la moelle d'un os, les pilons[3]. » Cette relation est riche d'enseignements : le roi a beau être en campagne et manger ce que ses cuisiniers ont sous la main, il ne fait pas montre de beaucoup de raffinement et avale, peu s'en faut, la même chose midi et soir, le tout sans distinction. N'allons pas imaginer que les rois ont meilleur palais, papilles plus délicates, ils mangent, après tout, selon la coutume et les saisons et ne peuvent (et pour cause) déguster ce qui n'a pas encore été importé parfois de très loin, comme les fraises, inconnues de Louis XIV et *a fortiori* les avocats, ananas et autres kiwis apparus très tardivement sur nos tables.

Louis XIV, si l'on en croit Saint-Simon, « s'amusait à voir manger et mangeait à en crever » bien qu'il ne prît rien entre les repas, pas même un fruit (ce en quoi il était un précurseur). En un mot, le Roi-Soleil est un glouton, il a la fourchette pantagruélique – si l'on peut dire, car il préférait manger avec ses doigts. Sa belle-sœur, la princesse Palatine, écrit dans une lettre du 5 décembre 1718 qu'elle l'a vu manger « quatre pleines assiettes de soupes diverses, un faisan entier, une perdrix, une grande assiette de salade, deux grandes tranches de jambon, du mouton au jus et à l'ail, une assiette de pâtisseries, et puis encore du fruit[4] et des œufs durs[5] »... D'après elle, il tenait cet appétit redoutable de sa mère, Anne d'Autriche, et paya toute sa vie

3. Jean Héroard, *Journal*, t. II, Fayard, 1989.

4. Le mot « fruit » englobe alors bien plus que la corbeille de fruits, il est un ensemble de desserts extrêmement varié.

5. Alfred Franklin, *La Vie privée d'autrefois*, t. I, Librairie académique, Perrin, 1973.

l'ingestion de tant de nourriture : goutte, vertiges, indigestions, fièvres et crises de dégoût ! Il n'empêche qu'un roi si porté sur la table mit la cuisine à l'honneur et, surtout, favorisa les progrès dans l'art d'accommoder les plats. Il suffit de citer une des sauces françaises les plus célèbres : la béchamel, mise au point par le marquis Louis de Béchameil (la prononciation et l'orthographe ont peu changé), qui acheta la charge de maître d'hôtel de Louis XIV, et devint marquis de Nointel. La première béchamel était composée de jus de viande, et non pas, comme de nos jours, de lait ou de crème fraîche : la formule a été modifiée avec le temps, surtout par le grand Carême, qui l'a rendue plus onctueuse par addition de crème fraîche... *La Muse historique* d'octobre 1652 relate un festin donné par Mademoiselle de Montpensier : bien que composé de cinq services, on n'y servit que du bœuf – une première –, ce qui prouve qu'il y avait déjà bien des manières de le préparer. Mais avant d'arriver à épurer l'ordre des plats et l'art de les apprêter, il fallut passer par une étape que nous jugerions, même totalement ignares en cuisine, insupportable pour la vue comme pour l'estomac. L'habitude d'empiler les viandes en pyramide ne passa pas du jour au lendemain ; il suffit de citer une ordonnance somptuaire de janvier 1629 stipulant la défense de mettre plus de six pièces (de viande) au plat ou de se référer à la « *Satire* III » de Boileau (1665) :

« J'allais sortir enfin quand le rôt a paru.
Sur un lièvre flanqué de six poulets étiques,
S'élevaient trois lapins, animaux domestiques,
Qui, dès leur tendre enfance élevés dans Paris,
Sentaient encor le chou dont ils furent nourris.
Autour de cet amas de viandes entassées
Régnait un long cordon d'alouettes pressées,

Et sur les bords du plat six pigeons étalés
Présentaient pour renfort leurs squelettes brûlés[6]. »

Toutes ces pauvres bêtes avaient été préalablement rôties à l'excès ou oubliées dans un bouilli, avant d'être entassées dans une même marmite pour les y cuire encore dix à douze heures ! Non sans avoir été copieusement saupoudrées de quantité de substances aromatiques : muscade, gingembre, thym, poivre – pour suivre une « recette » d'Asmach, cuisinier de Philipe V d'Espagne. Épices et arômes de toutes sortes polluaient littéralement la totalité de la cuisine : eau de rose (comme marinade pour les cerneaux de noix), d'iris, de marjolaine, musc (pour les tourtes, les petits pâtés, les confitures, les pralines, les dragées qu'on donnait ensuite aux chapons pour parfumer leur chair), ambre broyé (prétendument aphrodisiaque, on la mélangeait aux crèmes, aux potages), fenouil vert (pour les maquereaux). Cette effroyable tambouille n'avait rien en commun avec l'art délicat du sucré-salé ou l'ajout raffiné d'épices choisies dans la grande cuisine indienne. Avant donc d'être un bon vivant, l'aristocrate fut un viveur. L'un n'empêche pas l'autre, bien au contraire, mais peut-être que le viveur finit par devenir, au fil de l'évolution des manières de table comme de l'apprentissage des cuissons, un bon vivant, amateur de repas délicats autant que de bonne compagnie. Car l'usage de manger seul passait pour une folie ; la raison en était simple : il fallait que les domestiques servent à quelque chose et que le protocole soit respecté. Louis XIV ne partageait donc son repas qu'avec lui-même, les autres le regardaient se goinfrer !

6. Boileau, *Œuvres complètes*, Gallimard, Bibliothèque de la Pléiade, 1966, p. 21.

Celui que nous appelons un gourmet fit son apparition sous la Régence. Gastronome accompli, au sens moderne du mot, le duc d'Orléans préférait les petits soupers (coquins) aux banquets fastueux, la cuisine simple assaisonnée d'esprit, de joie de vivre, de conversation pétillante. Fort différent par nature de son grand-oncle (dont la fin de règne fut un long purgatoire) bien que doté du même appétit, il ne dédaignait pas non plus « mettre la main à la pâte », théoriser, inventer de nouveaux plats. La révolution initiée par le Régent est d'abord dans le service : chaque mets est dorénavant servi à part, « avec le respect qui convient à une œuvre originale et consciencieuse[7] », ajoute Alfred Franklin. À la cuisine en grande pompe, indigeste et tarabiscotée, succède la cuisine bourgeoise comme l'indique la deuxième édition du *Nouveau Cuisinier royal et bourgeois,* publiée en 1714, et surtout la parution en 1746 de *La Cuisinière bourgeoise* de Menon. Le connaisseur a besoin qu'on l'éduque... Le cuisinier prend même une importance de premier ordre puisque le duc de Luynes va jusqu'à mentionner la mort d'un célèbre maître queux dans ses Mémoires ; le romancier Duclos écrit en 1765 : « Si les gens morts il y a soixante ans revenaient, ils ne reconnaîtraient pas Paris à l'égard de la table, des habits et des mœurs. Il n'y avait, par exemple, de cuisiniers que dans les maisons de première classe. Plus de la moitié de la magistrature ne se servait que de cuisinières. » Quant à Louis-Sébastien Mercier, auteur du précieux *Tableau de Paris*, il écrit : « On ne sait manger délicatement que depuis un demi-siècle. La délicieuse cuisine de Louis XV fut inconnue même à Louis XIV. » Ce n'est pas qu'on mangeait moins, on mangeait mieux. On mangeait trop, diraient nos diététiciens sourcilleux de nous voir mourir en

7. Alfred Franklin, *op. cit.*, p. 170.

bonne santé, trop quand on regarde le menu d'un jour gras, sous Louis XV – une belle page de littérature, sinon un inventaire poétique digne de Prévert. Esprits chagrins retournez à votre bouillon de poule sans sel !

Déjeuner (vers 10 heures du matin)

Bouillon extrait d'un chapon vieux, de quatre livres de bœuf, de quatre livres de veau et de quatre livres de mouton.

Dîner (vers 15 heures)

Un grand potage de santé, composé de deux chapons.

Un grand potage, composé de quatre perdrix aux choux.

Un moyen potage, composé de six pigeons de volière.

Un moyen potage, composé de crêtes de coq et de béatilles.

Un petit potage, composé d'un chapon haché.

Un petit potage, composé de perdrix aux lentilles.

Un petit potage, composé de trois poulets farcis.

Un petit potage au blanc-manger.

Une grande entrée, composée d'un quartier de veau.

Une grande entrée, composée de douze pigeons.

Une moyenne entrée, composée de six poulets fricassés.

Une moyenne entrée, composée de deux perdrix en hachis.

Une petite entrée, composée de trois perdrix au jus.

Une petite entrée, composée de six tourtes à la braise.

Une petite entrée, composée de deux dindons grillés.

Une petite entrée, composée de trois poulets truffés.

Une petite entrée, composée de quatre perdrix.

Une petite entrée, composée de deux poulardes aux truffes.

Un grand plat de rôt, composé de deux chapons gras, neuf poulets, neuf pigeons.

Un grand plat de rôt, composé de deux hétudeaux, deux perdrix, quatre tourtes.

Un petit plat de rôt, composé d'un chaponneau et de deux bécasses.

Un petit plat de rôt, composé de deux sarcelles et trois perdrix.

Dessert varié.

Souper (vers 23 heures)

Un grand potage, composé de deux chapons vieux.

Un grand potage, composé de douze pigeons de volière.

Un petit potage, composé d'une perdrix au parmesan.

Un petit potage, composé de quatre pigeons de volière.

Un petit potage, composé de deux sarcelles aux lentilles.

Un petit potage, composé d'une poularde au pourpier.

Une petite entrée, composée de six poulets.

Une petite entrée, composée de huit livres de veau.

Une petite entrée, composée de trois poulets gras.

Une petite entrée, composée d'un faisan.

Une petite entrée, composée de trois perdrix.

Une petite entrée, composée de huit livres de veau.

Une petite entrée, composée de quatre perdrix.

Une petite entrée, composée de deux poulets grillés en pâté.

Un grand plat de rôt, composé de deux poulardes, quatre hétudeaux, huit pigeons.

Un grand plat de rôt, composé de neuf poulets, deux perdrix, quatre tourtes.

Un petit plat de rôt, composé d'une poularde et de deux bécasses.

Un petit plat de rôt, composé de deux sarcelles et de cinq perdrix.

Dessert varié[8].

Il va de soi qu'un tel menu n'est plus à la portée de nos estomacs, à moins d'un exercice journalier pour le moins

8. Extrait de *État et menu général de la Maison du Roy*, année 1747, bibliothèque Mazarine, *manuscrits,* n° 2806 (26), p. 20.

soutenu ! Mais comment ne pas saluer la conjugaison du bien vivre et du bien manger ? Quand les arts de la table rejoignent ceux que la vie quotidienne s'attache à cultiver : la conversation, l'amour des arts, des jardins, des fêtes, de la galanterie, la délicatesse des mœurs, l'amitié... La liste ne saurait être exhaustive. Il y a de quoi s'étonner que l'émergence de la cuisine bourgeoise n'ait été accompagnée par la naissance de la morale du même nom – à coup sûr étriquée. Il faudra, en effet, attendre plus d'un siècle pour que les règles, les interdits prennent le pas sur la liberté et la fameuse douceur de vivre du XVIIIe siècle. Et ils ne savaient pas leur bonheur de pouvoir vivre sans les entraves de contraintes bourgeoises sclérosantes ! Le siècle de Louis XV est non seulement celui des amours libertines et de l'engouement pour les œufs (sous toutes leurs formes), le café (que le roi torréfie et prépare lui-même), le baba au rhum (mis au point par le roi Stanislas de Pologne), mais encore celui des excès. Le salon de Madame de Tencin était, côté table, plus renommé que celui de Madame Geoffrin : Montesquieu, Fontenelle, Bernis aimaient à s'y retrouver, l'assiette et l'esprit font toujours bon ménage. Le Siècle des lumières courait donc après les plaisirs, non sans raison. Si l'on en croit Voltaire : « La vie est soit de l'ennui, soit de la crème fouettée[9]. » L'ennui, le mot est lâché. Il était viscéral, profond, pathologique. Pour tenter d'y échapper, il fallait se divertir à tout prix, conjuguer les expériences susceptibles de dissiper cet ennui mortel : l'opéra, les petits soupers, les adultères... Sans doute cette espèce de tourment était-il réservé à une classe qui avait non seulement le temps, mais les moyens... de s'ennuyer. Les pauvres, la majeure partie de

9. Robert Favre, *La Mort au Siècle des lumières,* Presses universitaires de Lyon, 1978.

ce qui était encore le tiers état, avaient d'autres préoccupations. L'époque n'en finit pas de jouer les contrastes : on y trouve aussi bien des philosophes athées et jouisseurs invétérés tel La Mettrie, auteur du célèbre *L'Art de jouir*, qui mourut après avoir mangé un pâté avarié, que le très prude Louis XVI, catholique fervent, qui loin d'être un souverain sinistre appréciait grandement les joies de la table. Un Bourbon l'emportera toujours sur la frugalité morbide d'un Robespierre ! Le bon roi Louis était doté d'un appétit considérable que ne diminuèrent d'aucune manière les épreuves que la vie lui réserva. Même en écoutant l'acte d'accusation prononcé par ses juges, Louis a faim et s'impatiente de retrouver sa cellule de la prison du Temple pour y manger enfin « six côtelettes, une demi-volaille arrosée de deux verres de vin blanc et d'un verre d'alicante », selon un rapport de l'époque. Il est tout à l'honneur de la Convention d'avoir réservé à son royal prisonnier un traitement à faire pâlir d'envie le moindre incarcéré. Malgré des temps de famine et de misère, il fut donc alloué à Louis Capet la coquette somme de cinq cent mille livres. En deux mois et demi, la somme des dépenses de table s'élevait à 28 745 livres, soit environ 400 livres par jour qui correspondent à environ 2 000 euros ! Ajoutons que, même prisonnier, le roi comptait à son service trois domestiques et treize officiers de bouche, un chef de cuisine, un rôtisseur, un pâtissier, un garçon de cuisine, un laveur de vaisselle, un tournebroche et j'en passe. Le dîner se composait de :

Trois potages
Quatre entrées
Trois plats de rôts, chacun de trois pièces
Quatre entremets
Une assiette de petits-fours
Trois compotes

Trois assiettes de fruits
Trois pains au beurre
Une bouteille de champagne
Un carafon de bordeaux
Une de malvoisie[10]
Une de madère
Quatre tasses de café

Le souper était aussi « léger » et le roi dormait en paix, rassasié. Au moins fut-il guillotiné le ventre plein, consolation s'il en fût ! Le condamné s'enfilait une bouteille de champagne par repas. Marie-Antoinette, qui ne buvait que de l'eau, aurait bien fait de changer d'habitude, sa mort lui eût peut-être paru moins atroce. À la question de savoir si Louis XVI appartient à la catégorie des bons vivants, la réponse est oui, ne serait-ce qu'en raison d'une anecdote : lors de la fuite de la famille royale, Louis est soudain pris de l'irrépressible envie de manger la spécialité de Sainte-Ménehould : le pied de cochon grillé ! Détour. Retard. Et l'équipage reprend la route, via Varennes. On connaît la suite de l'histoire. Voilà sur quoi se jouent les événements, l'abat tenant ici lieu de grain de sable dans les rouages de l'histoire… S'il n'avait pas eu cette idée saugrenue, sans doute aurait-il pu gagner ce que nous nommons aujourd'hui l'Allemagne et tout aurait été différent : même en exil un souverain reste roi. Qu'en aurait-il alors été de la république ? Et tout cela à cause d'un pied de cochon ! Le plus sympathique des abats…

Raymond Oliver le proclame : ce que nous appelons la gastronomie est un phénomène qui date de Napoléon III ou

10. Vin cuit obtenu avec du moût de raisins blancs ou muscats, auquel plus tard on ajouta du miel.

peu s'en faut, même si quelques grands noms avaient déjà préparé nos palais à plus de raffinement. Au panthéon des cuisiniers, maîtres en l'art d'inviter à bien vivre, il est des génies sans qui nous n'aurions pas la moindre idée de ce qui honore nos papilles et dilate nos pupilles. Ces précurseurs étaient des révolutionnaires doués d'un sens rare de la maîtrise, de l'intuition, de la subtilité du goût, de l'ordre d'incorporation des ingrédients, des cuissons, pour ne citer que quelques aspects majeurs. Nous avons choisi de citer trois de ces chefs, pour le moins incontournables, dignes d'être loués par n'importe quel apprenti, n'importe quel amateur.

Marie-Antoine Carême dit « Antonin », né à Paris en 1784 et mort en 1833, pâtissier français, fut le premier à porter l'appellation, sinon le titre de « chef ». Il est à juste raison considéré comme le fondateur du concept de haute cuisine. Son père, prolétaire ayant quatorze enfants à charge, abandonna sa famille en 1792, sans autre forme de procès, quand Marie-Antoine avait huit ans. Il remplit tout d'abord des fonctions plus que modestes dans les cuisines du bas étage. À dix-sept ans, il entre chez Bailly, célèbre pâtissier à Paris ; son patron facilite ses sorties pour aller dessiner au cabinet des estampes, signe d'une sensibilité aux beaux-arts que les fourneaux ne démentiront pas. À force d'étude et de travail, il parvient à élever l'art culinaire presque au rang d'une science et se forge une renommée dans toutes les cours d'Europe. Habité par une passion dévorante (les autres ne valent pas même une mention), il se voit confier la réalisation des pièces montées destinées à la table du Premier consul, puis à celle du duc de Talleyrand. Considérant l'art culinaire comme une branche de l'architecture (ce qui ne manque pas d'audace), il dessinait lui-même ses pâtisseries d'après des modèles empruntés à Vignole ou Palladio. Il s'éteint à l'âge de quarante-huit ans pour avoir pendant trop d'années inhalé une abondante fumée de charbon dans ses cuisines. Influencé par les idées de Catherine de Médicis en matière de cuisine, Marie-Antoine Carême décida de revenir aux valeurs « indémodables » de la gastronomie : aux antipodes des préparations douteuses du Moyen Âge qui masquaient les goûts rances et rassis des viandes, notamment avec quantité d'aromates et beaucoup de moutarde, Carême instaura une nouvelle règle pour les sauces qui seront dorénavant plus légères et plus subtiles (la révolution de la « nouvelle cuisine » due à Michel Guérard sera d'abord de ne plus mettre les sauces sur les aliments mais d'en user comme d'un lit...). Carême reproduisit dans ses traités d'art culinaire les gravures des buffets et des plats qu'il confectionnait pour les grands de ce monde. Son disciple Jules Gouffé fut le premier cuisinier à éditer le livre de cuisine tel que nous le connaissons aujourd'hui, incluant les quantités précises d'ingrédients nécessaires ainsi que les temps et températures de cuisson.

Carême est l'auteur de :

– *Le Pâtissier royal parisien* : traité élémentaire et pratique orné de quarante et une planches par l'auteur, 1810.

– *Le Pâtissier pittoresque* : orné de cent vingt-huit planches par l'auteur, 1815.

– *Le Maître d'hôtel français* : parallèle de la cuisine ancienne et moderne considérée sous le rapport de l'ordonnance des menus à servir selon les quatre saisons, à Paris, Saint-Pétersbourg, Londres et Vienne, 1822.

– *Le Cuisinier parisien*, 1828.

– *L'Art de la cuisine au XIX*e *siècle ou traité élémentaire des bouillons en gras et en maigre, des essences, fumets, des potages français et étrangers, grosses pièces de* *poisson, des grandes et petites sauces, des ragoûts et des garnitures, grosses pièces de boucherie, de jambon, de volaille et de gibier, suivi des dissertations culinaires et gastronomiques utiles au progrès de cet art*, achevé par Plumerey, 1833.

– *La Cuisine ordinaire*, avec Beauvilliers, 1848.

Jules Gouffé (1807-1877), adolescent, fait son apprentissage auprès de son père, pâtissier à Paris, dont les pièces montées sont remarquées par Antonin Carême qui assure sa formation pendant plus de sept ans. Il s'établit rue du Faubourg Saint-Honoré entre 1840 et 1855 comme pâtissier et acquiert une solide notoriété. En 1867, il répond à la proposition d'Alexandre Dumas et du baron Brisse et devient « officier de boucher » au Jockey Club.

Il est l'auteur de :

– *Le Livre de cuisine, comprenant la cuisine de ménage et la grande cuisine avec 25 planches imprimées en chromo-lithographie et 161 vignettes sur bois dessinées d'après nature par E. Ronjat*, Hachette, Paris, 1867[11].

– *Recettes pour préparer et conserver les viandes et les poissons salés et fumés, les terrines, les galantines, les*

11. Gouffé rédige deux parties : la première, destinée à la cuisine des ménages, se veut « sans complications d'aucun genre » et met les recettes « tout à fait à la portée des débutants et des apprentis » ; la seconde est consacrée aux « extras », c'est-à-dire à la grande cuisine avec « tous ses développements et ses perfectionnements ». Il y donne des notions sur les ustensiles et les appareils utilisés en cuisine, indique les quantités et les temps de cuisson ; il fait réaliser dessins et planches dans un but pédagogique pour que l'on comprenne par exemple la façon de tourner les champignons : « Pour faire cette opération, coupez la queue sans effleurer la tête ; posez-le entre les quatre doigts de la main gauche ; tenez un petit couteau d'office de la main droite ; faites tourner le champignon sur la lame du couteau qui reste immobile, de manière à enlever 2 millimètres du champignon. » Il donne le poids des ingrédients et le minutage de la préparation.

légumes, les fruits, les confitures, les liqueurs de famille, les sirops, les petits-fours, etc., Hachette, Paris, 1869. Pour Gouffé, ce livre est le complément du *Livre de cuisine*. Il le divise en trois parties : 1. les conserves de toute nature ; 2. l'office (la « confection des petits-fours, des bonbons, des fruits confits et les diverses préparations pour les bals et soirées ») ; 3. les recettes alimentaires des malades et des convalescents – et il inclut le choix et le service des vins.

– *Le Livre de soupes et des potages contenant plus de 400 recettes de potages français et étrangers*, 1872 : une somme sur un type de mets particulièrement apprécié du XVIIe au XIXe siècle dans les classes aisées.

– *Le Livre de pâtisserie*, contenant dix planches chromolithographiques et cent trente-sept gravures sur bois d'après les peintures à l'huile et les dessins de E. Ronjat, Hachette, Paris, 1873.

« Je n'ai pas rédigé une seule de mes indications élémentaires sans avoir constamment l'horloge sous les yeux et la balance à la main. Je m'empresse d'ajouter qu'on n'est pas obligé d'avoir constamment recours, dans la pratique, à ces moyens de vérification absolue, du moment où l'on est devenu un ouvrier habile et consommé. Mais lorsqu'il s'agit de formuler pour les personnes qui n'ont pas encore de connaissances acquises, je déclare qu'on ne saurait procéder d'une façon trop rigoureuse[12]. » Par la conception même de l'ouvrage, Gouffé innove en matière de livre de cuisine. Parmi plus de cinq cents recettes, ce chef réputé inclut quelques préparations communiquées par des confrères, notamment par son frère Alphonse, officier de bouche à la cour d'Angleterre. *Le Livre de cuisine* est

12. Jules Gouffé, *Le Livre de cuisine*, Hachette, 1867.

ensuite publié en anglais sous le titre *The Royal Cookery Book.*

Georges Auguste Escoffier: né à Villeneuve-Loubet le 28 octobre 1846, mort à Monte-Carlo le 12 février 1935, ce chef cuisinier et restaurateur fut également un très grand écrivain culinaire français. « Roi des cuisiniers » et « cuisinier des rois », il a modernisé et systématisé la cuisine « haut de gamme » de Marie-Antoine Carême. Créant dans des maisons de prestige quantité de recettes reprises ensuite par d'autres chefs, il a fait connaître la cuisine française sur le plan international. Son œuvre aura une influence considérable sur les générations suivantes, d'autant qu'il a développé le concept de brigade de cuisine, en rationalisant la répartition des tâches dans l'équipe et en veillant à l'image du cuisinier (propre, méticuleux, non-buveur, non-fumeur, ne criant pas...). Le plus célèbre chef de son temps fut le premier cuisinier à devenir officier de la Légion d'honneur.

Sa grand-mère, trois oncles et une tante travaillaient dans la restauration: Escoffier vient au monde dans une famille pour laquelle cuisiner n'est pas une distraction mais un art. À treize ans, il rêve de devenir sculpteur (toujours cette fascination pour les beaux-arts !), mais on juge préférable de le placer en apprentissage au Restaurant Français, établissement niçois d'un de ses oncles, où il est initié aux achats, à la cuisine et au service en salle ; il apprend la confiserie chez un voisin pâtissier, puis passe au Cercle Masséna comme premier aide, avant de devenir chef de cuisine au restaurant Les Frères Provençaux. À dix-neuf ans, il est engagé au restaurant parisien du Petit Moulin Rouge, un cabaret mondain où, après avoir fait un peu de tout, il travaille comme commis. Au début de la guerre franco-allemande de 1870, il est nommé chef de cuisine au quartier général de l'armée du Rhin à Metz, puis au quartier général de Mac-Mahon, alors prisonnier à Wiesbaden. Son expérience auprès des armées lui apprend à accommoder les restes, à inventer des recettes pour varier la présentation des navets, faute de mieux, et celle de la viande de cheval, celle de bœuf étant réservée aux malades; ces expériences le conduisent à étudier la technique de la conserverie alimentaire. Trois ans plus tard, rentré à Paris après une saison à Nice, il est chef au Petit Moulin Rouge et, en 1876, ouvre son propre restaurant, Le Faisan doré, à Cannes (en hiver). La décennie 1880-1890 connaît la construction d'une série de grands hôtels dans le monde industrialisé suite au développement du chemin de fer. Escoffier partage son temps entre Paris et Cannes, puis à partir de 1884 entre Monte-Carlo, où il occupe encore la fonction de chef de cuisine au Grand Hôtel dirigé par César Ritz, et Lucerne, où il règne au Grand National durant l'été. La collaboration d'Escoffier et de Ritz donnera naissance à l'hôtellerie de grand luxe fréquentée par l'aristocratie européenne et les plus célèbres artistes. Les restaurants de ces hôtels rompent avec les anciennes traditions et accueillent les dames qui auparavant dînaient dans leurs appartements privés; la salle à manger des hôtels devient le lieu à la mode où l'on se montre, non sans ostentation. En 1890, Escoffier dirige les cuisines de l'Hôtel Savoy de Londres et y crée notamment le suprême de volaille Jeannette et la célébrissime pêche Melba, en l'honneur de la cantatrice Nellie Melba qui habite l'hôtel. Il y invente les menus à prix fixes pour quatre personnes au minimum et promeut des produits qu'il fait venir de France, comme les asperges vertes d'Avignon. Il veille aussi à ce que les Petites Sœurs des Pauvres puissent récupérer chaque matin le surcroît de nourriture. En

1898, il organise de façon révolutionnaire l'installation des cuisines de l'hôtel que la Ritz Development (à laquelle il est associé) fait construire à Paris et les dirige ; l'année suivante, il retourne à Londres pour installer celles du Carlton et y reste jusqu'en 1920, dirigeant une brigade de soixante cuisiniers et perfectionnant une organisation indispensable pour pouvoir servir quelque cinq cents couverts par service. Cela ne l'empêche pas de publier des livres à succès, de composer les brigades de cuisine d'autres nombreux hôtels, comme le Ritz de Londres, ni d'aménager les cuisines des paquebots de la Hamburg Amerika Lines. En 1912, il concocte les menus des « Dîners d'Épicure », destinés à faire connaître l'excellence de la cuisine française, qui sont dégustés le même jour dans différentes cités, et dont le dernier, en juin 1914, est réalisé dans cent quarante-sept villes différentes pour dix mille personnes. En 1922, il collabore avec la firme Maggi et conseille ses produits aux maîtresses de maison. À soixante-treize ans, il reçoit la Légion d'honneur et devient le premier cuisinier officier de cet ordre en 1928 ; il est également honoré par d'autres pays, dont l'Angleterre. Il rédige la préface du *Larousse gastronomique* qui paraît en 1938. Chef le plus célèbre de son temps, Auguste Escoffier a définitivement imposé la connaissance de la cuisine française au niveau international, tant par celle pratiquée dans ses restaurants que par son travail d'écrivain culinaire, prolongeant et dépassant ainsi l'œuvre de Carême et Gouffé. Cependant, en modifiant l'ordonnance des menus, la préparation des mets, en limitant leur richesse, en éliminant la farine des sauces au profit des fonds et des glaces de viande, en modifiant la structure du travail en cuisine, il a innové au point d'être le fondateur de la transformation de l'art culinaire depuis 1918. Il a très largement réussi à faire partager sa conception : recherche de la perfection dans la préparation des mets et plaisir de l'esprit lors du repas. Parlant de l'obligation de modifier la pratique culinaire sous la pression des clients pressés, il affirme : « En un mot, la cuisine, sans cesser d'être un art, deviendra scientifique et devra soumettre ses formules, empiriques trop souvent encore, à une méthode et à une précision qui ne laisseront rien au hasard », et insiste : « Un changement progressif s'imposera inévitablement dans le régime alimentaire humain. En admettant que la même quantité de principes nutritifs soit nécessaire à nos petits-neveux, ceux-ci devront les chercher dans une nourriture débarrassée en grande partie des matériaux inertes et inutilisables. Cela nous conduit à considérer la diminution du volume des repas comme l'une des nécessités inéluctables de l'avenir et constitue un argument de plus, en même temps qu'une justification nouvelle de notre opinion, en faveur de menus plutôt courts. » Si la diététique n'est pas encore à l'ordre du jour, ce précurseur l'envisage sans en savoir ni le nom ni les exigences. Il a par ailleurs formé de nombreux élèves et disciples dont Paul Thalamas, Paul Jullemier, Eugène Herbodeau, Joseph Donon... Escoffier a aussi mis en évidence le problème du droit d'auteur. Alors que les artistes, écrivains, musiciens, inventeurs sont protégés par la loi, le cuisinier n'a pas de recours contre le plagiat de son « œuvre ». Près d'un siècle plus tard, son « guide culinaire » reste la bible des cuisiniers.

Escoffier est notamment l'auteur de :

– *Mémoires d'un cuisinier de l'armée du Rhin*, 1883.

– La revue *L'Art culinaire*, 1883.

– *Le Traité sur l'art de travailler les fleurs en cire*, 1886.

– *Le Guide culinaire. Aide-mémoire de cuisine pratique.* Avec la collaboration de Messieurs Philéas Gilbert et

Émile Fétu, Flammarion, 1903. Complété et réédité en 1907, 1912 et 1921 (dernière réimpression 2001 ; Escoffier s'y réfère à Carême, Urbain Dubois et Émile Bernard).

– *Les Fleurs en cire*, 1910.

– *Le Carnet d'Épicure*, 1911 : revue gastronomique.

– *Le Livre des menus. Complément indispensable du* Guide culinaire, Flammarion, 1912.

– *L'Aide-mémoire culinaire*, 1919.

– *Le Riz. L'aliment le meilleur, le plus nutritif*, 1927.

– *La Vie à bon marché. La morue*, 1929[13].

– *Ma cuisine*, 1934. À la bibliothèque de la Gourmandise.

Le bon vivant, qui est également un honnête homme et donc aussi cultivé que raffiné, n'est pas un amnésique, il sait que son goût a été en quelque sorte formé par une histoire autant que par une culture. Il apprécie (ou devrait apprécier) un plat d'exception autant que l'art avec lequel la recette a été écrite ou le menu composé. Dans cet esprit, il est de ceux qui ne perdent pas de temps en vaines conjectures et préfèrent rêver à la lecture de quelques menus très représentatifs d'époques passées. Ainsi, celui d'un dîner servi au palais des Tuileries, le 6 janvier 1820, sous le règne de Louis XVIII :

Deux potages
Potage printanier de santé – bisque d'écrevisses

Quatre grosses pièces
Faon de daim à la broche
Turbot, sauce aux huîtres – Carpe à la Régence
Casserole au ris à la Saint-Hubert

13. Les portraits de Marie-Antoine Carême, Jules Gouffé et Georges Auguste Escoffier ont été réalisés à l'aide de Wikipédia.

Seize entrées
Filets glacés aux laitues – sauté de filets de perdreaux aux truffes
Grenadins de filets de lapereaux à la Toulouse
Côtelettes de chevreuil à la Soubise
Filets de côtes à la Villeroi, sauce vénitienne
Quenelles de volaille au consommé réduit
Hattelets[14] à la belle-vue à la gelée
Escalopes de levrauts au sang
Poulardes à l'estragon – Cromeskis[15] au velouté
Blanquette de filet de poularde à la Conti
Perches à la Waterfish
Poulet à la reine à la Chivry
Petits pâtés à la béchamel
Filets d'agneaux aux pointes d'asperges
Purée de gibier à la polonaise

Quatre grosses pièces
Buisson d'écrevisses
Sultane à la Chantilly – Soufflé au fromage
Jambon de sanglier glacé

Trois plats de rôts
Faisans de Bohême – Perdreaux rouges – Bécasses du Morvan

Seize entremets
Asperges en branches – Choux-fleurs au parmesan
Champignons à la provençal – Truffes au vin de Champagne

---

14. Hâtelet ou hattelet : ustensile en forme de petite broche dont on se sert pour assujettir de grosses pièces de viande à la broche ; par extension, mode de cuisson de ces viandes.

15. Petites croquettes sphériques formées avec un appareil à croquettes de volaille, enveloppées de crépinettes ou de crêpes salées.

Laitues à l'essence – Épinards au consommé
Salade à la piémontaise – Concombres au consommé
Gelée d'orange
Crème à l'anglaise
Pannequets aux citrons confits
Œufs pochés au jus – Gâteaux soufflés – Macaroni à l'italienne
Pommes au beurre de Vanvres – Gaufres à la flamande
Deux plombières extra

Dessert
Huit corbeilles, quatre corbillons, etc.

Et l'on s'étonnera qu'avec un tel régime Louis XVIII ait souffert de la goutte ! Évidemment les quantités étaient non pas allusives mais à proportion de la richesse du menu, un peu comme les nombreuses entrées variées au Maroc ou les fameux treize desserts provençaux. La lecture de ce programme gustatif laisse rêveur et suppose une culture qui, hélas, fait défaut, de sorte que pour être vraiment accessible ce menu de roi mériterait un appareil de notes important dont nous nous passerons pour ne garder que la merveille suggestive de cet inventaire. Comment ne pas non plus remarquer le style ? À la fois poétique et factuel, pas de fioritures – un énoncé. C'est une autre affaire de savoir ce que suppose la cuisson à la Conti ou à la Chivry ! Il semble que rien n'arrête l'inventivité française en matière de cuisine. Pour preuve : le menu délirant que proposait un restaurant de Paris, le Café Voisin, 261, rue Saint-Honoré, pour le jour de Noël 1870, pendant le siège.

Quatre-vingt-dix-neuvième jour du siège
Hors-d'œuvre
Beurre – Radis – Tête d'âne farcie – Sardines

Potages
Purée de haricots rouges en croûtons
Consommé d'éléphant

Entrées
Goujons frits – Le chameau rôti à l'anglaise
Le civet de kangourou
Côtes d'ours rôties sauce poivrade

Rôts
Cuissot de loup, sauce chevreuil
Le chat flanqué de rats
Salade de cresson
La terrine d'antilope aux truffes
Cèpes à la bordelaise
Petits pois au beurre

Entremets
Gâteau de riz aux confitures

Dessert
Fromage de gruyère

Vins

Premier service	Deuxième service
Xérès	Mouton Rothschild 1846
Latour Blanche 1861	Romanée-Conti 1858
Ch. Palmer 1864	Bellanger frappé
	Grand Porto 1827

Prévert en serait baba ! Et l'on dira que les Français n'aiment pas l'exotisme ou le changement ! Bien que les plats ici proposés ne soient réalisables qu'en ayant décimé le zoo de Vincennes et posé des pièges dans les égouts, la seule idée de goûter une côte d'ours enveloppe l'esprit d'une douce torpeur… Les surréalistes auraient adoré un tel menu, eux qui n'hésitèrent pas à imaginer un repas dans lequel un mannequin de plastique couché sur une table donnerait à déguster ses viscères…

Le siège terminé, les massacres passés, Paris et les Parisiens reprirent vite le goût de vivre. En 1899, Escoffier composa justement le menu suivant pour le dîner de Noël donné à l'Hôtel Savoy de Londres :

Caviar frais – Bouquet de crevettes – Royal natives
Tortue claire – Bortsch à la russe
Suprême de sole à l'aurore
Filets de rouget aux laitances
Poulardes royales
Timbales de truffes au champagne
Selle de chevreuil grand veneur
Mousseline d'écrevisses
Délices de bécasses
Sorbets dame blanche
Ortolans cocotte
Cailles à l'orange
Salade des capucins
Asperges nouvelles
Foies gras pochés au Clicquot
Soufflé Chantilly
Ananas glacé
Mandarines à l'orientale
Biscuits aux avelines – Mignardises
Galettes écossaises
Fruits

Vins
Johannisberger cabinet, 1874
Pommery, extra-sec, 1884

Château Rauzan-Ségla, 1875
Château Coutet, marquis de Lur-Saluces
Mise du Château Étampé, 1861
Grande Champagne, 1830
Grandes liqueurs
Café turc

Nous ignorons le prix de ces agapes d'exception qui, à n'en point douter, n'était pas à la portée de la bourse des Maheu, mineurs du *Germinal* de Zola, condamnés, comme les « forçats de la terre » de cette époque industrielle sans humanité, à se contenter (et encore) de pommes de terre bouillies alors que les bourgeois, décrits avec un luxe de détails, vivent parmi les effluves de chocolat et de brioches chaudes, en attendant peut-être de pouvoir se rendre à Londres pour y déguster les merveilles concoctées par Escoffier... Zola excelle à établir un subtil parallèle entre les volutes de vapeur qui montent du baquet où se lavent, les uns après les autres, les Maheux, se plongeant dans une eau noire de charbon comme une mauvaise viande dans un court-bouillon de fortune, et celles du goûter gourmand des bourgeois qui n'ont cure de ce que ces gueux font pour se nourrir. Il ne s'agit pas de la célèbre repartie de Marie-Antoinette demandant ce que veulent les Parisiens massés aux grilles du château de Versailles : « Du pain, majesté ! », et la reine de répondre : « S'ils n'ont plus de pain qu'ils mangent de la brioche... » Ce n'était nullement là une remarque cynique, puisque quand elle manquait de pain, il allait de soi qu'elle se repliait sur la brioche. S'il fallait lui reprocher son attitude, ce serait son manque d'intérêt pour cette populace, et surtout son ignorance de la pauvreté. Cet exemple illustre à la perfection le fossé qui séparait alors les classes sociales, les principes de la « cuisine bourgeoise » et la tambouille des classes populaires, non la cuisine campagnarde qui – au moins – pouvait mitonner des plats selon les saisons et les cultures. Notons au passage que nombre de plats populaires tels que le cassoulet, la choucroute, le petit salé aux lentilles et autre garbure ou potée auvergnate furent considérés, avec le temps, comme des mets recherchés par les classes moyennes et supérieures, de sorte que, ce qui jadis était un art d'accommoder les restes devint un élément de gastronomie. Les temps ont quelque peu changé, puisqu'en un siècle, le niveau moyen de vie a été multiplié par cent ou presque. Les classes moyennes d'avant la Deuxième Guerre mondiale vivaient, objectivement, moins bien que celles d'aujourd'hui, pour de multiples raisons, dont une moins grande accessibilité aux produits eux-mêmes. Dans mon enfance (il n'y a pas si longtemps que cela), l'ananas, le kiwi, pour ne citer que deux exemples, n'étaient « achetables » que par les couches aisées de la population. Aujourd'hui, il en est tout autrement, un peu comme l'accessibilité à la culture : le livre de poche est à la lecture ce que les progrès de la distribution et du conditionnement sont à nos réfrigérateurs et donc à nos estomacs !

La passion pour la table gagna les élites du XIXe siècle comme jamais auparavant. Les écrivains, les compositeurs se targuent d'être de fines gueules. Il suffit de citer Rossini et son tournedos ou le fameux livre de cuisine d'Alexandre Dumas, paru trois ans après sa mort, et qui contient trois mille recettes patiemment rassemblées pendant des années et « corrigées » par Vuillemot, chef de l'Hôtel de la Cloche à Compiègne, avant publication. Dumas est un gaillard, un passionné, un généreux ; jamais le grand écrivain n'oublia qu'il était fils d'aubergiste et prit, toute sa vie, conseil auprès des plus grands cuisiniers de son temps : Verdier, Brébart, Magny, Grignan, Véry, Collinet (qui mit notamment au point la création des pommes soufflées et surtout de la béarnaise au Pavillon Henri-IV, à Saint-Germain-en-Laye) – Collinet qui fut chargé d'organiser le repas d'inauguration du château de Monte-Cristo pour six cents invités (dont Balzac qui prit ombrage devant tant de luxe déployé). Attentif aux prescriptions de Brillat-Savarin, Dumas cultivait avec délices l'infinie variété des plaisirs et sa somme culinaire témoigne de cette passion pour les anguilles à la broche, les soles en matelote, les ortolans cuits sous la cendre… Mais cette passion pour les fourneaux n'était qu'un aspect de son art de vivre qui ne s'encombrait pas de morale étroite, au risque de faire scandale. Dans leur invitation à bien vivre, Candeborde et Lapaque écrivent : « Chez Dumas, un homme sans appétit est un homme mort. Pour preuve, ce déchirant dialogue, à la fin du *Vicomte de Bragelonne* : "Bah ! les hommes comme nous, monsieur le maréchal, dit Amaris, ne meurent que rassasiés de joie et de gloire. – Ah, répliqua d'Artagnan avec un triste sourire, c'est qu'à présent, je ne me sens plus d'appétit, monsieur le duc."[16] »

Le mot même de « gastronomie » prend alors le sens que nous continuons de lui donner ; satisfaire son ventre par une succession de délicatesses est un signe de culture, d'élégance, de raffinement. Une manière d'être qui s'ajoute aux joies conviviales de la conversation, du fumoir, des dîners arrosés de grands crus, des soupers en cabinet particulier… Cet art de vivre, social en diable, était certes déjà « dans l'air du temps » dès le XVIIIe siècle ; il suffit de lire quelques lignes de La Mettrie, philosophe matérialiste, pour s'en convaincre : « Jouissons du peu de moments qui nous restent ; buvons, chantons, aimons qui

16. Yves Candeborde, Sébastien Lapaque, *Room service*, Actes Sud, 2007, p. 129.

nous aime ; que les jeux et les ris suivent nos pas ; que toutes les voluptés viennent tour à tour, tantôt amuser, tantôt enchanter nos âmes ; et quelque courte que soit la vie, nous aurons vécu[17] » ; et Michel Onfray, autre jouisseur, de poursuivre : « Que peuvent les corps, en dehors de l'amour ? Ils peuvent jubiler par tous les sens. Ainsi La Mettrie fait l'éloge de la musique, de l'opéra, de ceux qui dansent et chantent sur scène. Puis des plaisirs de la table pourvu qu'ils permettent de rencontrer de joyeux amphitryons, cultivés, fins, dont la conversation est agréable et la proximité charmeuse. De même, le spectacle du monde est proposé comme une occasion de volupté : la nature qui s'éveille, la beauté des paysages, les transformations de la lumière dans la journée, les variations des saisons, le spectacle de la voûte étoilée. Dans tous les cas de figure, vivre, c'est chercher des occasions de se réjouir, c'est vouloir jubiler. [...] Une seule tension éthique, celle qui mène à la volupté. La leçon est toujours d'actualité[18]. » Mais sans doute était-il plus aisé de satisfaire ce programme des réjouissances immédiates pour un matérialiste du XVIIIe siècle, pour La Mettrie, d'Holbach ou Helvétius, voire pour le marquis de Sade, que pour un citoyen du XIXe siècle, prisonnier de l'étroitesse, de la rigueur de la toute-puissance morale bourgeoise et de ses conventions. Nous allons jusqu'à penser que la société tint moins grief à Sade pour ses « excentricités » qu'à Musset, assistant ivre mort à la première de ses pièces ou violant Louise Colet dans un fiacre... ce qui rendit Flaubert fou d'horreur et de jalousie ! Les conditions ayant pour le moins changées, les arts de la table permettent en quelque sorte de mieux

17. Michel Onfray, Julien Offray de La Mettrie, « Portrait du philosophe en libertin » in *L'Art de jouir*, Le Passeur, 1995, p. 15.

18. *Idem.*

supporter cette atmosphère étouffante. Ce n'est pas qu'il est interdit de se divertir, il est préférable que cela ne se sache pas, ne se voie pas. L'ordre moral repousse dans la sphère privée toute manifestation de la joie de vivre, et si l'on s'est terriblement ennuyé au Siècle des lumières, l'ennui qui règne du Consulat aux premières heures de la IIIe République devient institutionnel… Une autre raison s'agrège à ce triste tableau : la mise en périphérie des cimetières, signe que la mort et la présence des défunts au cœur de la cité ne sont plus supportables. À partir de cette époque, la mort est lentement exclue de l'espace de la cité, au point que la vie semble s'enliser dans le déni autant que dans l'ennui. Le seul moyen d'y échapper est de s'adonner à des plaisirs moralement permis : la table, le cigare et même l'alcool (du cognac à l'absinthe) et de déployer des trésors d'ingéniosité pour les autres, « incorrects, illicites, inconvenants » : le bordel, les grisettes, l'opium chéri par Thomas de Quincey ou Baudelaire. Il en est toujours ainsi : la société génère ses interdits et donc la gamme des plaisirs permis, sans oublier ceux pris en secret. Et ce qui, hier, passait pour une aberration est aujourd'hui considéré comme badin : le gaspillage (jeter du pain, vous n'y pensez pas !), les livres érotiques, toujours appréciés, mais qui ne circulent plus sous le manteau. L'hypocrisie l'emporte sur la spontanéité. On « ferme les yeux » sur certaines pratiques, non sans gloser sur la vague de maladies vénériennes qui emportent Maupassant, Baudelaire et tant d'autres. En somme, la société reproche à ceux-là d'avoir trop bien vécu ; nous ne sommes alors pas loin de ce que Pascal écrivait sur les libertins du XVIIe siècle : « Qu'ils en jouissent et qu'ils en crèvent ! » Casanova tel qu'il a réellement vécu aurait été impensable sous Charles X ou Louis-Phillippe et n'aurait d'ailleurs guère supporté l'ambiance du temps. Son amour des femmes de tous âges comme sa passion pour les viandes faisandées accompagnées d'un épais bourgogne n'étaient plus de mise… ni l'habitude de mouiller (de couper dirait-on aujourd'hui) son vin, encore répandue sous Napoléon qui ne buvait sans doute pas un verre de chambertin sans y avoir préalablement versé un peu d'eau claire.

III

« … Les hommes mourront de frayeur,
dans l'attente de ce qui menacera le monde. »
Évangile selon saint Luc, 21, 26

Le règne de la peur généralisée, à tous les étages, se répand sur nous comme un brouillard nauséabond. La peur de vivre, de penser, de dire ce qu'on pense, de manger, de tout, même de ce qui fait bouger les branches. Elle se transforme au fil du temps en effroi, en terreur, en paralysie. Les idéologies se sont effondrées, la dictature de l'économie a tout fragilisé, l'épouvante écologique a détruit l'espérance. La puissance des mots a été remplacée par celle des images dont le flux permanent nous empêche de prendre la distance nécessaire à une compréhension tranquille du monde. Et ces images qui se succèdent transmettent aussi sûrement les peurs que les moustiques subsahariens le paludisme. L'homme d'aujourd'hui tente, tant bien que mal, d'imaginer ce que sera sa vie demain (il a d'ailleurs bien tort de vouloir se projeter au lieu de vivre l'instant), et la plupart du temps, son espérance fait défaut, son imagination achoppe ou délire, il est incapable de tirer profit de l'immédiat, de réagir autrement qu'en faisant des ulcères et sombre dans la logique du pire, celle de l'à quoi bon. « Les nations [sont] dans l'angoisse, inquiètes du fracas de la mer et des flots » (Luc, 21, 25) ; l'Apocalypse est programmée et vous voudriez qu'en l'attendant nous soyons confiants, heureux de vivre, primesautiers ? Eh bien oui ! Le pire est toujours certain. Et vous ne nous empêcherez pas de penser (comme Michel Serres, pour ne citer qu'un nom) que les hommes ne sont pas assez fous pour couler le seul bateau sur lequel ils voguent, non sans vomir au moindre paquet de mer. Les théoriciens de l'Apocalypse font leurs choux gras de la peur qu'ils alimentent à grands renforts d'exemples, de prédictions épouvantables, de sermons dignes de Savonarole, d'analyses convergentes, de films catastrophe d'un réalisme terrifiant. Nous sommes foutus ! Plus de projets, plus rien à perdre non plus. Les fins dernières sont pour demain matin. Merci de l'info. Patron, remettez-nous une bouteille de chablis, c'est peut-être la dernière ! On demanda à saint Louis de Gonzague enfant : « Et si le monde devait finir aujourd'hui ? » Il répondit tout de go avec une sérénité troublante pour un gosse d'une dizaine d'années : « Je continuerai de jouer à la balle ! » Une belle preuve de confiance inentamable, certains diraient même de sainteté. Puisque c'est ainsi ! C'est un peu comme si, tous atteints potentiellement par le cancer, nous décidions de ne plus bouger un doigt, de nous regarder mourir – car à n'en pas douter nous y passerons tous. Ce qui est étonnant, c'est qu'il n'y ait pas de vagues de suicides collectifs étant donné l'ambiance – même si, nouvelle atroce, les jeunes gens sont les plus touchés par la tentation d'en finir ; ils se jettent littéralement par la fenêtre ou du haut d'une terrasse... La devise du monde actuel n'est rien moins que celle des punks : « No future ! », rebattue à tout bout de champ. Que les producteurs de champagne ou de vin soient en crise, avouez qu'il y a de quoi s'interroger: puisque tout est plié, autant se pinter jusqu'à plus soif. Nous sommes des poilus symboliques dans une tranchée mentale: un coup de rouge, une belote, un paquet de gris avant de prendre une balle en plein cœur, une bouffée de gaz moutarde. Eh bien non, rien de tel encore, les ventes d'alcool baissent, les guinguettes ont fermé et avec elles les flonflons des dimanches sans ennui, les bistrots de quartier sont remplacés par des agences bancaires, des salles de fitness pour anorexiques ou célibataires en manque de compagnie, les bars des grands hôtels vont bientôt fabriquer des « smoothies » carottes/bananes… Fini les dry martini dont la recette occupe une partie des mémoires de Luis Buñuel, fini les vieux malt, les Corona frappées, adieu Hemingway, nous savons pour qui sonne le glas: pour nous! Bientôt, notre seule occupation consistera à vérifier si notre plan obsèques est en règle. Le citoyen consommateur boit de l'eau du robinet, parle bas, mange bio, ne part pas se dorer la couenne aux Bahamas, mais en thalasso à Belle-Île, ne réserve pas une table chez Camdeborde, mais achète de la laitue iceberg, une barquette de chou sauce soja, se bourre d'anxiolitiques. On comprend d'ailleurs le succès des antidépresseurs et le fait que la France soit championne du monde de pilules du bonheur! Le principe de réalité a beau être, par définition, difficile à supporter, pourquoi confier son destin à des substances chimiques douteuses plutôt que faire la fête entre amis, déboucher une bouteille de moulis, se déguiser en boucher des Halles ou chatouiller sa femme? Sans avoir plus qu'il n'en faut l'âme nostalgique, nous regrettons amèrement les fêtes d'antan, cette légèreté qui n'était pas pour autant inconscience, ce bonheur d'être ensemble, sans complexe, cette joie de tout partager: les mêmes conneries, les mêmes filles, les mêmes petits matins blancs. On s'amuse moins, hélas, et pour preuve, les grandes fiestas passées continuent de faire rêver : on pense non seulement à celles de la Régence, de Dumas, des années folles, du vicomte de Noailles, ou de celle (paraît-il la dernière !) qu'organisa à grands frais Truman Capote à New York dans les années 1950. Plus de salons, des antichambres, des salles d'attente ; plus de menus plaisirs, des mots d'ordre, des règles pour un ennui programmé – un décalogue du sinistre ; plus de spontanéité, de beuveries, de festins (mot merveilleux), mais les sermons des diététiciens à la mode, les anathèmes d'écolos hystériques. Patron ! je reprendrais bien un paris-brest ou un baba avec un vieux rhum ! La disparition des charcutiers traiteurs m'angoisse plus que celle des gazelles ou des bonobos, la raréfaction du caviar russe plus que le niveau des nappes phréatiques françaises. Aux yeux de M. Mamère, je suis un monstre. Qu'il se rassure ! Je ne lui élèverai aucun monument, bien qu'il soit à mes yeux déjà mort, alors que je suis prêt à ériger une statue à mon charcutier de Saint-Pourçain-sur-Sioule qui fabrique une andouillette à défaillir. Vous ne me verrez pas hésiter devant l'étal sinistre d'un supermarché, je n'ai pas envie que mon âme ait la forme d'une barquette en plastique !

M. de Senancour, venez à mon secours, il m'arrive de me sentir seul, pour ne pas dire isolé, assiégé ! Vous qui avez si bien dit ce que je pense : « Jouis, il n'est pas d'autre sagesse, fais jouir il n'est pas d'autre vertu ! » ; plus qu'un programme, une évidence. Même Jacques Lacan vous le direz : « Rien ne force personne à jouir, sauf le surmoi. Le surmoi, c'est l'impératif de la jouissance : *Jouis*[1] *!* » Un impératif autrement catégorique que celui de Kant puisque ici, si l'on en croit le docteur : « La jouissance, c'est ce qui

1. Jacques Lacan, *Le Séminaire*, Livre XX : *Encore*, Le Seuil, 1975, p. 10.

ne sert à rien », et c'est pour cela qu'on ne peut s'en passer ; elle est le point capital, nodal, solaire, incontournable. Le pivot autour duquel le reste tourne. Elle rassemble en elle le désir de se perdre dans son désir, de se noyer dans un impossible assouvissement. Le propre du désir est de nous garder vivants. S'imaginer qu'il puisse s'épuiser, c'est préférer la houille au radium. Jouir ne sert à rien et rien n'est plus merveilleux que ce sentiment de l'inutile, plus encore cette présence de l'inutile. Posant pour la première fois, en 1952, la question de la technique, Heidegger lui-même affirme que le salut du monde (et donc le nôtre) revient peut-être à ceci : éveiller en nous un sens pour l'inutile. Voilà la perspective. Dans un commentaire fort savant, Jean Beaufret précise : « Inutile, dans la mesure où aucune issue pratique n'en peut nécessairement résulter, est le *sens des choses*. Et cependant, ce sens est le plus nécessaire. Car dans le sens des choses, c'est l'utile lui-même qui n'a plus aucun sens et du coup ne sert plus à rien[2]... » Raison pour laquelle Heidegger, dans l'espoir de se faire comprendre (ce qui est, pour le coup, aussi utile qu'illusoire), cita un apologue tiré de Tchouang-tseu (à peu près contemporain de Platon) et qui s'achève par cette « moralité » : « Que quelque chose ne serve à rien, en quoi faut-il vraiment s'en mettre en peine[3] ? » Ainsi, jouir – qui, nous le savons maintenant, ne sert à rien – est-il cette porte à deux battants qui ouvre sur autre chose qu'une morgue... En la matière, il ne manque pas de grands noms pour étayer la thèse. Rabelais ne regardait pas le monde et l'homme comme une nature morte, ni Montaigne ni Montesquieu... Spinoza, dans la quatrième partie de son *Éthique* (et plus précisément, pour

2. Jean Beaufret, Annie Cazenave, *L'Art des confins, mélanges offerts à Maurice de Gandillac*, PUF, 1985, p. 68-69.
3. *Ibid.*, p. 69.

ceux qui croiraient que nous inventons la scolie au corollaire II de la proposition XLV[4]) : « Seule assurément une farouche et triste superstition interdit de prendre des plaisirs. En quoi en effet convient-il mieux d'apaiser la faim et la soif que de chasser la mélancolie ? Telle est ma règle, telle est ma conviction. Aucune divinité, nul autre qu'un envieux, ne prend plaisir à mon impuissance et à ma peine, nul autre ne tient pour vertu nos larmes, nos sanglots, notre crainte et autre remarques d'impuissance intérieure ; au contraire, plus grande est la Joie dont nous sommes affectés, plus grande la perfection à laquelle nous passons, plus il est nécessaire que nous participions de la nature divine. Il est donc d'un homme sage d'user des choses et d'y prendre plaisir autant qu'on le peut (sans aller jusqu'au dégoût, ce qui n'est plus prendre plaisir). Il est d'un homme sage, dis-je, de faire servir à sa réfection et à la réparation de ses forces des aliments et des boissons agréables pris en quantité modérée, comme aussi les parfums, l'agrément des plantes verdoyantes, la parure, la musique, les jeux exerçant le Corps, les spectacles et d'autres choses de même sorte dont chacun peut user sans aucun dommage pour autrui... » Magnifique plaidoyer pour la joie, puisque la félicité est bien le but de la vie : augmenter la puissance d'agir par la joie est d'ailleurs l'une des trois idées clés de la quatrième partie de l'*Éthique* ; si l'on en croit la lettre XXI, Spinoza fut un homme heureux, pour avoir su « retirer de [son] pouvoir naturel de connaître un fruit » capable de dispenser la joie, et de s'être efforcé à « traverser la vie, non dans la tristesse et les larmes, mais dans la quiétude de l'âme et la gaîté » qui lui permirent, assure-t-il, de « s'élever d'un degré »...

4. Spinoza, *Éthique,* t. II, traduction de Charles Appuhn, Vrin, 1977, p. 93.

Au fil de ces pages, la possible définition du bon vivant n'en finit pas de se préciser. Il s'agit non seulement d'une manière d'être et de prendre la vie, d'une disposition intérieure, d'avoir aussi le sens de l'inutile, de la joie, de la bonne et plaisante compagnie, doublé d'un sens aigu de la confiance. Il faut ajouter à cette heureuse disposition le parti de la vie contre celui des morbides, des mortifères, des sectateurs, des « superstitieux », des hypocrites. Posez-vous la question de savoir quel est votre degré de confiance, d'enthousiasme, de naturel, de spontanéité... Préférez-vous l'isolement (l'excès de solitude) à la convivialité, à l'amitié et sa gratuité souveraine ? Appréciez-vous toute forme de disponibilité : d'esprit, de temps ? Votre vie est-elle une quête du bon sous toutes ses formes : bons livres, bons films, bonnes musiques, bonne santé physique et mentale, et toute la gamme des bons plaisirs qui ne servent à rien d'autre qu'à nous rappeler la présence du bon en ce monde... Mais libre à vous de choisir de jouir des contraintes, des interdits, des tabous, des menottes et autre camisole psychique : si tel est le cas, vous avez besoin d'un « accompagnement » pour vous sortir de cette impasse, car, franchement, vous êtes maso ou à deux doigts de l'être, ou alors vous avez (ce qui n'est pas éloigné de cette perversion) quelque chose à vous faire pardonner, à payer...

Nos ancêtres virent affluer des hordes de barbares qui mettaient tout à feu et à sang, pillaient, brûlaient, violaient et j'en passe ; nous, nous avons une nouvelle catégorie de nuisibles, très pontifiants, très remontés, très catégoriques : politiques, écologistes, « déclinologues », prophètes en économie, en épuisement des ressources naturelles... Tous relayés par les médias complaisants, tous de mèche, ils ne cessent de nourrir la peur, dans l'espoir qu'elle devienne de la panique, pour mieux nous manipuler. Non sans raison, disent les plus pessimistes, non sans talent. Occupé à gérer sa perte de repères, l'homme du XXIe siècle se replie sur lui-même, en croyant que son égoïsme est une forme d'individualisme, il délaisse l'engagement politique, vote de moins en moins, au profit d'un culte du moi qui l'étouffe avant de le tuer. Il se racornit au lieu de s'épanouir. Il se croit encore libre, il est l'esclave de sa peur, du système, de la mode… Déprimé, morose, triste comme une saucisse industrielle, il oublie les saveurs, les odeurs (même celles qui décapent, dérangent, réveillent), les expériences, les surprises : sa vie programmée est composée de craintes, d'atermoiements, de doutes, il économise, s'économise, achète des tickets de Loto dans l'espoir de tirer le gros lot. Sans oublier la terreur de perdre son travail, d'avoir à payer toujours plus d'impôts, de divorcer, de dire à ses enfants qu'ils n'ont pas d'avenir !

L'information n'a, par exemple, jamais été aussi accessible, rapide, directe et, loin de rendre responsable, voire serein, elle agit comme un facteur supplémentaire venu augmenter la peur, l'étayer, au lieu de porter à l'action. Le sentiment d'insécurité s'efface au profit de l'insécurité et l'accroît dans la mesure même où il voulait la diminuer… Le monde dans lequel nous vivons est devenu irrespirable (au propre comme au figuré), pollué, autant par les gaz à effet de serre que par les panneaux publicitaires, les fruits sans saveurs, les bières sans alcool, les romans insipides, les commentaires d'experts, paraît-il patentés ; un monde saccagé par un urbanisme sans visage humain… Une tour par-ci, un gang par-là, une zone par-ci, un ghetto par-là, une enclave par-ci, un feu, un malaise, un commissariat par-là ! Joli va-et-vient. Le danger est donc *partout*, visible ou pas : dans les OGM, les pesticides, la cigarette, l'alcool, les banlieues, le téléphone portable, les antennes paraboliques, le Wi-Fi, le poisson, la viande, les journaux qui montent le tout en mayonnaise et ces présentateurs bien propres qui débitent l'histoire quotidienne des calamités, catastrophes, scandales, malversations… Après la vache folle, la grippe aviaire nous est présentée comme un fléau qui pourrait décimer la population. Le climat se déglingue, « Jamais rien vu de tel », disent les spécialistes qui vivent sans doute depuis cinq mille ans pour en avoir la preuve : réchauffement, fin des espèces, inondations, raz-de-marée, dépression économique, récession… La crise s'enlise, le chômage s'étend, la calotte glaciaire fond aussi vite que le moral baisse. À l'image des romans de science-fiction d'H. G. Wells ou de Frank Herbert, la fin du monde n'est plus une menace, *elle est là*. Les films catastrophe comme *2012* nous montrent ce que sera cette fin abominable : secousses telluriques, tsunamis, foules englouties par les flots déchaînés… le Déluge ! Du matin au soir, une seule et même nouvelle : nous sommes à bord du *Titanic*, l'orchestre jouera une dernière rengaine et hop, tous à la baille, dans l'eau glacée et pas de canots de sauvetage, ni le moindre bateau qui vient à notre secours ! Pas la peine de crier, vous allez crever comme des mouches en hiver, comme les bébés phoques sur la banquise, et encore, ils ont plus de chance, un coup de matraque et c'est fini ; vous, vous allez mourir lentement, doucement, étouffés comme un pigeon, affamés, sans rien de potable à boire. L'angoisse est notre pain quotidien – pas du Poilâne, du pain sec pour les poules. Nous sommes tétanisés, repliés, frileux, honteux ; nous nous protégeons, masqués, vaccinés, avant que le ciel ne nous tombe sur la tête dans un torrent de feu. Les Témoins de Jéhovah ont un avenir aussi assuré que celui des psychiatres !

Sous couvert de toute une gamme d'interdits, l'État nous tient (bride haute et discours affolé), s'infiltre jusque dans notre vie privée, nous fiche, nous contrôle, nous prévient, nous menace. Ces interdits sournois, mais omniprésents, s'apparentent à un nouvel ordre moral qui règne en maître et dont l'écologie est un des principaux fers de lance ou, si l'on veut, le ressort qui fait marcher la montre. Peur du modernisme, suspicion face à la technique (la crainte du vaccin H1N1 est plus forte que celle de la maladie – retour à l'obscurantisme), peur du progrès (Jean-Jacques Rousseau doit bien rire de là où il est, à nous voir nous enfoncer dans le progrès comme dans des sables mouvants !), divinisation d'une nature tellement idéale que les plus utopistes n'auraient pas osé imaginer, recherche d'une pureté originelle fantasmatique. Donner à la nature un pouvoir supérieur à celui de l'homme est une stratégie pour soumettre celui-ci à des lois qu'il ne peut contester, puisqu'elles reposent sur des études, des chiffres, des prévisions, des connaissances invérifiables comme ces rapports alarmistes sur le changement de climat. C'est surtout inverser la pyramide des espèces : l'homme n'est plus au sommet, mais à la base, le socle, les pieds dans le marais originel ; créature immanente, il patauge, s'embourbe, mesure son humanité au degré de son inquiétude. Une certaine écologie (celle qui, justement, prétend être la plus rationnelle, comme par hasard) s'appuie sur ces données « scientifiques » pour maintenir à flot l'état de panique et mieux nous anesthésier, nous manipuler. La peur, arme suprême, pense pour nous : peur des catastrophes naturelles, peur de la montée des eaux, peur d'un manque de pétrole, de la montée du nationalisme, des fondamentalismes religieux, de la perte des valeurs, de la chute de la fécondité humaine (les hommes auraient les spermatozoïdes de plus en plus faiblards, à force de manger des saloperies), de la récession, de la décroissance, du chômage de masse, peur de manquer… Patron, s'il vous plaît, un armagnac, j'ai comme une faiblesse !

Le piège de ce discours prétendument scientifique est qu'il se veut en apparence rassurant : c'est pour votre bien, pour votre santé que nous prenons des mesures drastiques. Nous voudrions que vous mouriez en bonne santé – merci, messieurs ! Et pour ce faire, suivez sans déroger, à la lettre, la liste sans fin des interdits légaux : interdiction de fumer, de conduire vite, de dire ce que l'on pense sans avoir tourné vingt fois sa langue dans sa bouche, de boire autre chose que de l'eau minérale, et bientôt de circuler en voiture, de manger du cassoulet, du foie gras, du gibier (les pauvres bêtes, il faut comprendre…). Bientôt, l'entrée des grandes villes sera taxée, nous serons rationnés en eau, en gaz, en électricité… Nous paierons le droit de respirer, il n'y aura peut-être, comme le disait Reiser, que la branlette à ne pas être encore taxée ou interdite (profitons-en, ricanait-il !). Sans nous en apercevoir, ce lavage de cerveau agit sur nous efficacement et nous finissons par nous autocensurer sans nous en apercevoir. Nous subissons tous les jours une pression telle que nous nous sentons coupables dès que nous enfreignons la moindre règle imposée.

Le discours ambiant va plus loin : l'État fait passer l'alcool et le tabac comme des fautes, des outrages au bon sens, des poisons violents : « En prenant ces substances, vous êtes coupables. » Coupables, et donc susceptibles d'être punis, bannis. Vous êtes des parias, des sales gosses, mauvais élèves, mauvais citoyens ! Les contrevenants sont montrés du doigt et diabolisés, avec un cortège d'humiliations : ségrégations, dénonciations, sanctions, exclusions…

Encore plus grave : dans un monde où la vieillesse est bannie, l'État nous fait croire que, sans ces substances, nous vivrons très vieux : « Vivez en bonne santé, vous gagnerez dix, vingt ans ou plus » ; « Privez-vous, vous serez toujours jeunes, en forme, comme les dieux de l'Olympe. » Pis encore, l'idée de mort est totalement tabou (sauf à l'écran, télévision ou Internet, lesquels jouent le rôle que jouaient dans l'Antiquité les sacrifices, en nous donnant notre dose de sang, d'horreur, de crime, de meurtre...) : le fait que les vieux meurent seuls n'empêche que les vieux de dormir ! Profitant du rejet généralisé de la mort, gommée, niée, appelée la plupart du temps « disparition », « accident », « décès » (du bout des lèvres), des slogans nous assènent que ces drogues sont des causes de mort certaine : « Fumer tue » ! Ils nous maintiennent dans l'illusion que la mort n'existe que pour les fautifs : « Nous n'agissons pas seulement pour votre santé, mais si vous obéissez aux diktats écolos, si vous supprimez ces drogues, vous gagnerez l'éternité. » Comme on gagne un séjour Marmara dans l'émission de Nagui sur Europe 1 ! Ne fumez plus, ne buvez plus, mangez macrobiotique et vous ne mourrez pas ! Mieux encore, achetez, dépensez, mais ne mangez rien ou presque, triez scrupuleusement barquettes sous vide, bouteilles, fruits et légumes sous plastique, avant de tout jeter dans des poubelles de couleurs différentes, et allez vous coucher en pensant que vous stimulez l'économie sans nuire à vos jours.

Les prédicateurs haranguent les foules, annonçant la bonne nouvelle : la mort pourrait être vaincue ou, du moins, repoussée indéfiniment. Nous serions, dans l'absolu (qui demanderait une bonne définition), capables de vivre au moins cent vingt ans ! Imaginez un monde où Mao, Franco, Hitler, Pinochet, Mussolini, Pol Pot, Staline, Bokassa (en guise d'échantillon représentatif) auraient vécu cent vingt ans, sans jamais avoir l'idée de lâcher le pouvoir !

Tout notre système social s'articule aujourd'hui autour de l'effroi de la maladie, de la mort et des catastrophes. Cet état d'esprit s'incruste partout et la presse (écrite ou audiovisuelle) ne fait qu'alimenter le défaitisme ambiant. Des comportements de plus en plus aberrants se manifestent, qui ne sont que le reflet de cette dérive vers une crainte de l'avenir de plus en plus grande. La population se divise en deux : les écolos et les autres. Deux camps qui s'affrontent, pour la plus grande satisfaction des politiques et des marchands de bio. Bien que nous soyons, de près ou de loin, tous devenus bios, sans le vouloir. Puisqu'il suffit de ne pas prendre trois bains par jour pour être « écoresponsable » (néologisme hallucinant) ou de prendre le TGV pour Marseille (au lieu de sa polluante voiture) pour aller voir les supporteurs d'une équipe de football s'entretuer allègrement, sans attendre non la fin du match mais la fin du monde.

Depuis l'interdiction de fumer dans les bureaux et lieux publics, on constate de curieuses pratiques. Les antitabac, portés par leur amour de l'humanité, en arrivent à dénoncer un fumeur qui a le front de s'aventurer à enfreindre la loi. Les patrons en profitent pour sanctionner ceux qui osent allumer une cigarette dans leur bureau et utilisent ce procédé comme faute professionnelle. Sans parler de ceux qui vont faire supporter aux fumeurs le coup de l'entretien des ascenseurs dans les entreprises, puisqu'ils l'empruntent sans arrêt pour aller cloper dehors. Sur le marchepied d'un train, au moment de descendre, une dame m'a menacée, raconte Emmanuelle : « Éteignez votre cigarette ou je vous dénonce au contrôleur. » Le seul mot « dénoncer » me fait dresser les poils des bras... Dans la rue, il arrive même que l'on vous fasse la réflexion : « Vous polluez ! », suivie d'insultes assassines. On est « prié » de ne pas allumer sa cigarette dans la queue devant le cinéma, bien qu'à l'air libre. Sanctions, dénonciations et réactions en entreprise et même dans la rue où l'on nous fustige au moindre mouvement de fumée ! Jeter un papier par terre ou ne pas ramasser les crottes de son chien et l'on vous condamne – incivisme manifeste, certes. Les fumeurs sont devenus des parias relégués dans des cabines ou obligés de descendre par tous les temps en griller une sur le trottoir. Dans une soirée, même chez vous, vous êtes obligé de demander l'autorisation de fumer ou d'aller sur le balcon, car il y a toujours un ou une adepte du No Smoking qui vous fait remarquer que vous empestez, que le tabagisme passif tue les foules et qu'elle ne tient pas à ce que ses rideaux « puent ».

Nous vivons dans un monde où chacun est sur ses gardes, où la guerre des fumeurs et des antifumeurs fait rage. Comme un avertissement à ce qui nous attend demain et qui sera, à n'en pas douter, mille fois pire. On en arrive à des situations extrêmes, symboles de cette tendance au fondamentalisme, où l'on va jusqu'à renier notre passé de bons vivants. Nous en sommes réduits à regarder un paquet de cigarettes, non en se sentant coupables, mais en laissant monter en soi la nostalgie du « bon vieux temps ». Celui où Churchill disait à sa voisine de table alors qu'il allumait son légendaire barreau de chaise : « J'espère que mon cigare ne vous empêchera pas de tousser ! » Incorrect ? Oui. Franc aussi, cynique si l'on veut, libre en tout cas.

Et pourtant, nous devons beaucoup au tabac ! Pas seulement dès sa découverte où l'herbe à Nicot était précieusement conservée dans des tabatières à priser, mais encore avec l'expansion du cigare, objet fétiche de George Sand et de tant d'autres, un signe non de classe (Charlot fume des mégots de cigare à tout bout de champ !), mais de goût. Un des sommets de la culture française de la fin du XIXe siècle était le petit salon de Stéphane Mallarmé, 87 rue de Rome. Il s'y adonnait en présence de l'élite littéraire et artistique, de Valéry à Claudel en passant par Manet, à une cérémonie initiatique autour d'un pot de tabac qui en fit rêver plus d'un ; sans doute l'atmosphère y était-elle irrespirable au point que Mme Mallarmé et sa fille se retiraient dans la cuisine, mais la plupart des hôtes partageaient la passion du maître, qui – quand il n'avait pas les moyens d'acheter un bon cigare – fumait la plupart du temps sa petite pipe hollandaise en terre rouge, moment propice à la rêverie qu'il considérait comme le propre de la vie. Fumer est s'adonner à l'art de « susciter », pour reprendre le verbe clé de sa poétique, et les volutes de tabac facilitent cet exercice méditatif. Répondant à un questionnaire à la Proust, vers 1888, chez Méry Laurent, sa maîtresse, Mallarmé donna comme réponse à la question « Quelle est votre idée du malheur ? : ne pas allumer de cigare. » Le mot n'est pas seulement spirituel, mais révélateur d'une époque autant que d'un état d'esprit. Proust lui-même, qui n'en supportait pas l'odeur, avait cependant l'élégance, racontée par Philippe Soupault dans *Profils perdus*, d'offrir à ses invités, au Grand Hôtel de Cabourg, une boîte de cigares quand il décidait de se retirer. Nous sommes là bien loin des interdits en vogue. Certaines personnalités sont inséparables de leur cher barreau de chaise : Groucho Marx, Charlot, fou de joie de machouiller un mégot sorti d'un caniveau, et bien sûr Winston Churchill, qui a fini par donner son nom à un havane, comme lord Chesterfield, à une marque de tabac autant qu'à un canapé. Si l'on en croit les experts, Churchill fumait en poids de tabac l'équivalent de trente paquets de cigarettes par jour, ce qui ne l'empêcha pas de mourir à quatre-vingt-onze ans et pas d'un cancer des bronches ! Mais il est vrai que nous sommes tous inégaux devant la nature, ce qui ne tue pas les uns risque d'éradiquer les autres. Il est même assez difficile de trouver une photo où il ne tient pas un cigare avec autant d'élégance qu'un maréchal d'Empire son bâton. Que dire des portraits mythiques de Che Guevara et Fidel Castro, eux aussi accros à ce plaisir aujourd'hui coupable ? Et ce qui est valable pour le cigare l'est aussi pour la cigarette ou la pipe. Dans la Sierra Maestra – zone montagneuse au sud de Cuba, point de départ de la guérilla, dès 1956 – Guevara commença d'abord par remplir une pipe de morceaux de havane. « Puis il a fini par fumer le cigare d'une pièce jusqu'à s'en brûler les doigts », raconte un ancien guérillero de la Sierra. « Il a considéré ensuite le cigare comme un don du ciel, tout comme son sacro-saint maté argentin. Ce fut son seul vice », ajouta-t-il. Le Che avait presque toujours un Partagas ou un H. Upmann dans ses doigts ou dans la bouche…

Les fumeurs de pipe vont bientôt devenir des légendes, si ce n'est déjà fait. Nul n'est à l'abri des censeurs et des puritains et même le capitaine Haddock risque de se voir un jour privé de son plaisir intempestif et polluant, tout comme Sherlock Holmes, décidément infréquentables, non politiquement corrects ! L'incitation à fumer aussi violemment condamnée que l'incitation à la débauche. Aux anciens fumeurs qui tripotaient tranquillement le fourneau culotté de leur pipe, les nouveaux bien-pensants conseilleront sans doute l'art du crochet, du petit point, les mots croisés, la console de jeux, histoire de s'occuper les doigts, l'aquarelle, les exercices pour piano de la méthode rose, la lecture des romans insipides qui encombrent chaque rentrée littéraire. À vingt ans, entré en droit pour obéir à l'injonction paternelle, Flaubert osait proclamer avec ce franc-parler qui décoiffe et rassure : « Je me fous pas mal du Droit, pourvu que j'aie celui de fumer ma pipe et de regarder les nuages rouler au ciel, couché sur le dos en fermant à demi les yeux. C'est tout ce que je veux. » Vous avez eu bien de la chance, mon cher Gus, de vivre à une époque où il n'était pas interdit de tirer quelques bouffées en public !

« Hier, j'ai trouvé ma pipe en rêvant une longue soirée de travail, de beau travail d'hiver. Jetées les cigarettes avec toutes les joies enfantines de l'été dans le passé qu'illuminent les feuilles bleues de soleil, les mousselines et reprise ma grave pipe par un homme sérieux qui veut fumer longtemps sans se déranger, afin de mieux travailler : mais je ne m'attendais pas à la surprise que préparait cette délaissée, à peine eus-je tiré la première bouffée, j'oubliai mes grands livres à faire, émerveillé, attendri, je respirais l'hiver dernier qui revenait. Je n'avais pas touché à la fidèle amie depuis ma rentrée en France, et tout Londres, Londres tel que je le vécus en entier à moi seul, il y a un an, est apparu ; d'abord les chers brouillards qui emmitouflent nos cervelles et ont, là-bas, une odeur à eux, quand ils pénètrent sous la croisée. Mon tabac sentait une chambre sombre aux meubles de cuir saupoudrés par la poussière du charbon sur lesquels se roulait le maigre chat noir ; les grands feux ! et la bonne aux bras rouges versant les charbons, et le bruit de ces charbons tombant du seau de tôle dans la corbeille de fer, le matin, alors que le facteur frappait le double coup solennel, qui me faisait vivre[5] ! » Cette prose poétique mallarméenne condense la joie de rêver comme de travailler, de faire un avec le monde sans qu'il soit jamais un ennemi. Le principe de précaution généralisé n'était pas encore de mise.

D'après un passionnant article disponible sur Internet, est défendue l'idée selon laquelle les écrivains qui fument la pipe seraient plus prolifiques que ceux qui fument la cigarette. Dérangeant. Si donc vous aspirez non seulement à être écrivain (un bon, cela va de soi) et que, par ailleurs,

5. Mallarmé, « La Pipe », 1864.

vous pensiez qu'il est préférable d'être prolifique que parcimonieux, il vous faudra donc choisir entre la gloire et le cancer du poumon !

« Quel est le rapport entre Guillaume Apollinaire, Georges Simenon, Günter Grass, Jean-Paul Sartre et Louis Ferdinand Céline ? Une œuvre littéraire volumineuse ? Une activité trouble pendant les heures noires de la Seconde Guerre mondiale ? Certes, mais pas seulement – et loin s'en faut. Avec J.R.R. Tolkien (qui, d'après des témoignages de contemporains ressemblait à s'y méprendre à un Hobbit, les pieds poilus en moins), George Sand, Charles Baudelaire et des centaines d'autres, ces écrivains ont tous en commun d'avoir été d'invétérés fumeurs de pipe. Une étude émanant d'un laboratoire du Independant Bureau for Health & Food d'Anchorage (Alaska) tend à établir un lien de causalité entre le fait de fumer la pipe et le fait d'avoir à son actif une œuvre littéraire importante, pour ne pas dire volumineuse. Georges Simenon, par exemple, tapait quatre-vingts à cent pages par jour de ses romans policiers ! Qu'on le compare à Dominique Vivant Denon, écrivain du XVIIIe siècle, qui se vantait de n'avoir jamais consommé de tabac et qui n'a produit, en tout et pour tout, qu'un unique roman d'une quinzaine de pages intitulé *Point de lendemain*. Que dire de ceux qui, et pour cause, n'eurent pas l'idée de s'adonner au tabac et qui laissent des œuvres pour le moins minces tels que Blaise Pascal, ou *a contrario* ces écrivains intarissables qui n'eurent pas davantage recours à ce vice, tels Saint-Simon, la marquise de Sévigné et tant d'autres ? L'Anglais Charles Hamilton (1875-1961), auteur de feuilletons, reconnu par *Le Livre Guinness des records* comme l'écrivain le plus prolifique de tous les temps (il aurait écrit soixante-quinze millions de mots) fumait la pipe, comme en témoigne le portrait qu'a fait de lui Norman Kadish. Un hasard ? Et est-ce aussi un hasard si Félix Lope de Vega (1562-1635), l'écrivain le plus prolifique de l'histoire humaine – on lui doit mille huit cents comédies, deux romans et une quantité de poèmes – est né l'année même de l'introduction du tabac en Europe ? Rien ne permet de l'affirmer avec certitude, mais rien ne prouve le contraire. Quant à Balzac, dans son *Traité des excitants modernes,* il n'hésitait pas à écrire : « On ne s'était jamais douté des jouissances que devait procurer l'état de cheminée. » On connaît l'incroyable étendue de sa *Comédie humaine* qu'il concevait comme une cathédrale que, hélas, il ne put construire entièrement. Barbara Cartland, dont l'œuvre complète totalise près de huit cents volumes, prenait bien soin de ne jamais fumer la pipe en public (il s'agit d'être convenable !) – on eût trouvé cela bien mal assorti à ses extravagantes tenues roses et à son maquillage de poupée –, mais une biographie « non autorisée » à paraître, rédigée sous pseudonyme par un de ses proches, écorne sérieusement la légende : « À sa table de travail, Barbara Hamilton Cartland fumait la pipe, sans jamais s'arrêter. Elle utilisait une petite pipe à col-de-cygne en porcelaine, avec une tête métallique, assez féminine. Elle mélangeait un peu de thé à la rose à son tabac. » Ces détails que l'on ne saurait inventer démontrent bien la véracité de l'information.

Une leçon d'épistémologie :

Mais comme le disait l'épistémologiste et philosophe des sciences autrichien Karl Popper, « deux ou trois exemples, ça ne prouve rien » : il faut en effet plusieurs dizaines d'exemples pour valider une théorie – et il suffit d'un corbeau albinos pour qu'on ne puisse jamais dire que tous les corbeaux sont noirs ! C'est dans cet esprit qu'a travaillé le laboratoire alaskien, en collectant patiemment les témoignages des écrivains prolifiques fumant la pipe et ceux d'écrivains peu prolifiques fumant la cigarette. Le résultat est net et sans ambiguïtés : les écrivains prolifiques qui fument la pipe sont effectivement très nombreux, de même que les écrivains peu prolifiques qui fument la cigarette et qui se sont avérés eux aussi très nombreux.

Un cas passionnant a été étudié, celui de Philippe Sollers, passé de la pipe à la cigarette, et dont le rendement littéraire annuel a chuté de près 80 % à cette occasion : « Philippe Sollers devrait recommencer à fumer la pipe, pour son bien. Car non seulement il produit moins mais l'intérêt de ses livres a aussi beaucoup baissé », nous expliquait un responsable de collection chez un grand éditeur parisien, sous couvert d'anonymat.

En France, des milliers d'écrivains sont publiés chaque année, et parmi ces milliers, une centaine environ gagne assez d'argent pour que le revenu provenant des seuls droits d'auteur soit suffisant pour être imposable. Hors quelques têtes d'affiche médiatiques, ces écrivains ne sont pas des auteurs littéraires, mais des auteurs de livres sur l'astrologie, de livres de cuisine ou de guides informatiques. Notre rédaction a passé quelques coups de téléphone et a pu vérifier les affirmations du Bureau for Health & Food : la plupart de ces écrivains fument la pipe, et de surcroît, ceux qui ne le font pas sont aussi ceux que l'on accuse le plus souvent de ne pas écrire eux-mêmes leurs livres. Alors, comme le disait Jacques Faizant à sa façon – avec un dessin –, doit-on affirmer que « La pipe, c'est mieux » ? Si oui, pourquoi ?

« Le mécanisme est complexe, explique un universitaire américain, mais on peut d'ores et déjà affirmer qu'il s'agit d'une question de logistique. » Eh oui, une simple observation des gestes comparés du fumeur de cigarettes et du fumeur de pipe nous renseigne de manière éloquente car, tandis que le fumeur de cigarettes est constamment occupé à tenir sa cigarette, à chercher son paquet de cigarettes, à l'ouvrir, à en extraire les cigarettes, le fumeur de pipe a les mains libres et gagne donc un temps considérable sur son collègue, et plus encore lorsque ledit collègue roule lui-même ses cigarettes. C'est sans doute ce dont Stéphane Mallarmé parlait lorsqu'il écrivait : « Jetées les cigarettes avec toutes les joies enfantines de l'été dans le passé qu'illuminent les feuilles bleues de soleil, les mousselines et reprise ma grave pipe par un homme sérieux qui veut fumer longtemps sans se déranger, afin de mieux travailler [...]. » Il est clair que pour le « prince des poètes », la pipe est un instrument de travail alors que la cigarette n'est qu'une distraction incompatible avec le sérieux métier d'écrivain.

Le fini et l'infini :

Mais ce n'est sans doute pas tout. Pour le psychologue Charles-Jean Charles qui s'exprimait à ce sujet dans *Civette*, la revue professionnelle des débitants de tabac, la cigarette est un objet « fini », c'est-à-dire qu'une cigarette entamée sera forcément terminée (à condition qu'elle soit avec filtre, faute de quoi on fume ses phalanges ; le fumeur de cigares, lui, sait qu'il ne le fumera pas jusqu'au bout...), tandis que la pipe se fume en continu, maintenant l'illusion d'un processus infini, une sorte de corne d'abondance à l'envers. La différence ? « Le stress provoqué par la cigarette est profond, car la conscience d'une issue funeste pour la cigarette, terrible métaphore de la vie, met le fumeur sous pression et le paralyse... à peine a-t-il allumé sa cigarette qu'il pense à la prochaine, annulant totalement les effets euphorisants et intellectuellement stimulants du tabac », explique le psychologue qui ajoute que « comme tout fumeur, le fumeur de pipe sait que son espérance de vie est artificiellement amoindrie du fait de sa consommation du tabac, il est donc mû, comme toute personne consciente de la proximité de son décès, par l'envie de témoigner et d'avoir une œuvre qui lui survive. Contrairement au fumeur de cigarettes ou même de cigares, le fumeur de pipe n'est pas entravé dans son activité littéraire[6]. » On comprend mieux, et aussi pourquoi les écrivains les plus prolifiques vivent en moyenne dix ans de moins que les autres. (Ils s'en foutent royalement pour la simple raison qu'ils laissent derrière eux une œuvre à leur mesure !)

Dans un article paru dans *Le Figaro*, Christophe Doré et Stéphane Hoffmann écrivent :

« À l'aube du premier jour de l'année 2008, le décret interdisant de fumer dans les bars et les restaurants, les discothèques ou les casinos ne supportera aucun contournement. Les quelques futés qui espéraient trouver une faille dans la nouvelle législation en seront pour leurs frais... d'avocat. On n'enfume pas comme ça le législateur. Pas d'issue. Une page se tourne. Plus épaisse que du papier à cigarettes et tout aussi chargée de symboles que les volutes s'évadant des lèvres de Lauren Bacall dans *Le Port de l'angoisse* (1944). C'est pour manifester cette « rupture » d'un autre type que *Le Figaro Magazine* a revisité à sa manière les photographies mythiques de quelques-uns des plus grands fumeurs de l'histoire. [...] Notre vie ne sera pas la même sans le tabac. Et s'il fallait réécrire l'Histoire, sans lui, des pans entiers tomberaient en cendres. Louis XIV aurait-il vécu aussi longtemps s'il n'avait pas détesté l'odeur de la pipe ? Les poilus seraient-ils restés quatre ans dans les tranchées ? Et combien de génies la cigarette a-t-elle carbonisés avant l'heure ? Sans elle, des décennies de gestes répétitifs, si caractéristiques des fumeurs, mais aussi des kilomètres de pellicules et des

6. Robert Sherman, « Les écrivains qui fument la pipe sont plus prolifiques que ceux qui fument la cigarette », *Scientists of America*.

milliers de photos – certaines déjà jaunies, tels des doigts gavés de nicotine – s'effaceraient. Mais, foin de nostalgie ! Les chiffres, terribles, parlent d'eux-mêmes. Rien qu'en France, 60 000 morts chaque année par tabagisme actif et plus de 5 000 morts par tabagisme passif. Ce cylindre de presque dix centimètres de long et huit millimètres de diamètre a davantage tué que les balles. Son âge d'or est derrière nous. Depuis la découverte du feu ou à peu près, l'homme avait pris l'habitude de fumer tout et n'importe quoi : écorce de saule, racines, sciure de bois, jonc, opium, chanvre, feuilles de rose, de noyer, de betterave, de maïs… Hérodote, déjà, raconte que les Scythes jetaient dans une tente des graines de chanvre sur de la pierre brûlante et s'enivraient de fumée. […] Si Christophe Colomb n'avait pas découvert l'Amérique – et par la même occasion le tabac –, notre vie aurait-elle été moins enfumée ? C'est peu probable. Le tabac du coin ressemblerait à une échoppe d'apothicaire et les paquets de cigarettes à ceux des yaourts des rayons frais, vantant les mérites de mélanges bio et exotiques – “betterave-maïs” ou “feuille de rose-sciure de bois”… […] À l'aune de l'Histoire, les soldats ont sans doute été les principaux consommateurs de tabac. Il présente pour eux un double avantage : donner du courage et lutter contre l'ennui. Quoi de plus ridicule en effet, pour un soldat, que de mourir d'ennui ? Louis XIII, grand guerrier, fumait la pipe. Son fils Louis XIV fut, quant à lui, le premier non-fumeur assumé vraiment célèbre. Sigmund Freud (fumeur) trouverait certainement une explication à cela – phallique, certainement. [Le père de la psychanalyse est en effet mort des suites d'un cancer de la mâchoire où le tabac n'est pas pour rien. Si l'on en croit le témoignage de nombre de ses contemporains, le bon docteur passait, lors des fameuses séances sur le divan viennois, le plus clair de son temps à tousser et éructer dans le dos de ses patients, paraît-il fort gênés par ces incessantes quintes de toux.] Freud sans cigare ? Peut-être aurait-il écrit des livres pour enfants ? Mais Louis XIV savait ce que raison d'État veut dire. Il passait sur cette aversion en distribuant des pipes aux armées, tandis que Vauban prévoyait toujours des provisions de tabac dans ses forteresses. Dans le cas contraire, le droit de grève n'étant pas encore inscrit dans la Constitution, les soldats auraient pris le chemin de leur village ou celui du camp adverse. Imaginez un peu : en 1639, Louis XIV interdit par décret le tabac sur tous les champs de bataille. Résultat : trente-trois ans de conflits partent en fumée. Vauban passe aux oubliettes de la postérité ; pas de guerre de Neuf Ans, ni de guerre de succession d'Espagne… À ce jour, nous parlerions de football en mangeant des tapas, fiers de notre roi d'Europe Juan Carlos Ier, rabrouant Hugo Chávez en direct. Cet étrange besoin qu'ont les soldats de fumer s'aggrava sous l'Empire. On y fumait énormément, à commencer par le célèbre soldat Bouffard, qui garda la même pipe (d'où la "bouffarde") depuis l'Égypte jusqu'à la Russie. Il la perdit dans la Berezina, épisode où certains ont pu lire la fin d'une épopée. Si la Grande Armée n'avait pas tant fumé, elle n'aurait sans doute pas mené des campagnes aussi lointaines. La place de la Concorde, sans son obélisque, en aurait été défigurée. Et l'histoire de l'Europe, un peu moins ensanglantée. Quelque soixante-dix ans plus tard, l'absence de tabac aurait encore pu faire basculer l'Histoire. Nous sommes en 1870 et les négociations ont commencé entre le chancelier prussien Bismarck (fumeur) et le ministre français des Affaires étrangères Jules Favre (non-fumeur) : "Vous avez sur moi un avantage : vous êtes plus éveillé ; et un désagrément : vous êtes plus enclin à vous emporter, à céder au premier mouvement", lâche Bismarck. On connaît la suite… C'est Bismarck qui emporta le morceau : un beau morceau de la France. Si Bismarck n'avait pas fumé, peut-être aurions-nous conservé l'Alsace et la Lorraine, à la suite de quoi la guerre de 1914-1918 n'aurait pas eu lieu, non plus le désastreux traité de Versailles, ce qui aurait évité cette Seconde Guerre mondiale au cours de laquelle des pancartes nazies proclamaient : "Deutschen Weiben rauchen nicht" ("Les femmes allemandes ne fument pas.") À la Libération, les soldats américains n'auraient pas jeté des paquets de blondes du haut de leurs chars et de fait, le jazz n'aurait pas envahi les caves – enfumées – de Saint-Germain-des-Prés. Peut-être que sans tabac, les guerres eussent été simplement moins longues, et donc moins meurtrières. [...] Qu'offrent à Christophe Colomb les Indiens des Bahamas ? Du tabac. Qu'offre Louis XV aux Indiens du Canada pour les remercier de leur aide contre les Anglais ? Des pipes. Que demande George Washington au Congrès pour une de ses campagnes ? "De l'argent, sinon du tabac." Et sous la Révolution française, quel est le cadeau d'usage de la République ? Une tabatière. Combien de citoyens ont ainsi sauvé leur tête, à défaut de protéger leurs poumons ? Supprimez alors le tabac, vous supprimez une marque essentielle de courtoisie : car il a aussi sa place dans l'histoire des bonnes manières. Ernest Hemingway édicte deux règles de bonne entente avec les peuples qui parlent l'espagnol : "Donner du tabac aux hommes et laisser les femmes tranquilles." Autant ne pas aller en Espagne, répondront les provocateurs ! Ce qui ne résoudra pas notre problème. Que va-t-on offrir avec cette proscription du tabac ? De l'alcool et des aliments gras, salés, sucrés ? Des vitamines ? Des chaussures de sport ou un bon bol d'air, peut-être ? Remarquez, pourquoi pas ? Cependant, plus encore que des guerriers, des diplomates ou des ministres, le tabac a surtout beaucoup gagné les artistes. Sans lui, des pans entiers de l'histoire de l'art n'auraient jamais vu le jour. Joos Van Craesbeeck, Simon de Vos, Delacroix, Bonnard, Cézanne, Toulouse-Lautrec, Gauguin, Magritte, Hopper ou Picasso, notamment, ont peint le plaisir de fumer. Un plaisir chanté par poètes et écrivains, de Mérimée ("Je ne comprends la poésie qu'en fumant") à Dubillard (*Confessions d'un fumeur de tabac français*), de Musset ("Trois cigarettes sont un moyen divin pour mettre à mort le temps") à Apollinaire ("Tabaquin tabaquin ma tabatière est vide...") , de Baudelaire ("Je suis la pipe d'un auteur...") à Paul Valéry, qui fumait soixante cigarettes par jour, tout comme Sacha Guitry, qui s'adresse en ces termes à sa blonde: "Petite amie, je t'aime! Tu es fine, mince, propre et blonde... Tu es silencieuse et docile, et je t'allume quand je veux! Tu parfumes l'endroit où je travaille et le chemin que je parcours, et tu me grises un peu, sans cesse... On m'a dit que tu faisais tourner la tête et que tu finirais par me faire perdre la mémoire! Ah! grands dieux, si c'était vrai!... Fais-moi tout oublier – je ne t'oublierai jamais." Sans tabac, nous aurions moins de jazz et moins de cinéma. Avant le jazz, nous n'aurions pas eu *L'Ode à la pipe*, composée par Bach, et nous n'aurions pas *Don't Smoke in Bed* ni *Smoke Gets in Your Eyes*, ni *L'Amour flou*, chanté par Jeanne Moreau, ni Frank Sinatra (*These Foolish Things Remind Me of You*) quitté par une femme et retrouvant "a cigarette that bears a lipstick's traces" qui la lui rappelle. Nous n'aurions pas non plus Ida Lupino derrière son piano ni la belle cigarière de Mérimée et Bizet. Et que roulerait donc Carmen le long de ses cuisses dorées? De l'andouillette? Des brosses à dents? Des sandwichs au surimi, peut-être? À la sortie, nous voilà tout de même bien ennuyés. [...] Et n'oublions pas cette phrase d'Albert Einstein (fumeur), pour qui fumer rend apte à juger d'une façon calme et objective de toutes les affaires humaines.

Mais il est vrai que Schopenhauer trouvait que fumer la pipe dispense de penser. Allez, les disputes sur le tabac sont aussi anciennes que le tabac. Il a toujours suscité des passions. Aujourd'hui, à quelques heures de l'interdiction, il faut penser à ceux qui toujours fument. À défaut d'arrêter, la législation actuelle leur paraîtra douce, s'ils gardent en tête certaines pratiques d'autrefois. Une des toutes premières victimes des campagnes antitabac est ainsi un compagnon de Christophe Colomb, Rodrigo de Jerez, jeté en prison par l'Inquisition, pour qui fumer est une habitude diabolique. C'est parce qu'il est plus récent que le vin qu'il est aussi plus disputé : "L'homme est un compliqué à qui il faut du temps pour apprivoiser ses goûts. Et ses vices[7]…" »

Pour prolonger le bonheur d'une telle lecture, je ne résiste pas à l'envie (pourquoi résister ?) de citer un passage d'*Une volupté nouvelle* (1898) de Pierre Louÿs. Un soir de juin, un homme (de lettres) reçoit une visite pour le moins inattendue : Callisto en personne, sortie de son tombeau de pierre ; elle s'étonne de voir qu'après dix-huit cents ans, rien n'a changé, à quelques minces détails près : l'habillement, les bijoux, les jeux érotiques, la volupté, la philosophie (Kant et Descartes « doivent tout » à Parménide)… et, à bout d'arguments, le narrateur dépose les armes :

« Veux-tu une cigarette ? demandé-je […] As-tu déjà essayé ?

– Jamais ! Comment ? tu es de ceux qui se livrent à cet exercice ridicule ?

– Soixante fois par jour. C'est même la seule occupation régulière dont j'ai consenti à charger ma vie.

– Elle te plaît ?

---

7. *Le Figaro*, 7 janvier 2008.

– Je crois véritablement que je me résignerais à ne pas toucher la main d'une femme pendant une semaine tout entière, plutôt que de me voir séparé de mes cigarettes pendant le même laps. [...] »

En quelques minutes, Callisto avait mis en cendres son petit rouleau de feuilles orientales. Elle en jeta le bout à demi consumé, où le fard de ses lèvres avait laissé du rouge.

Il y eut un silence.

Elle évitait de me regarder. Elle avait pris le paquet carré dans sa main, qui me parut agitée comme par une légère émotion, et après qu'elle l'eut examiné sous les quatre faces, je vis qu'elle ne me le rendait pas.

Lente, avec le soin qu'on apporte aux objets les plus précieux, elle le posa près du cendrier, sur le bord d'un divan clair où elle étendit son long corps foncé. »

Ce conte est riche d'enseignements et le génie de Louÿs s'y révèle tout entier : oui, le tabac est bien une volupté nouvelle – inconnue des Anciens –, un plaisir, n'en déplaise à tous ceux qui érigent la privation en règle, la continence en devise, le plaisir au rang de suspect. Peu de remous pour contrer les diktats d'une époque qui s'arroge le droit de tout interdire et surtout ce genre de volupté-là, tant ils préfèrent respirer à pleins poumons les effluves de la rue, saturée de gaz, ou la délicate odeur de renfermé de leur chambre froide quotidienne, tellement préférable à celle du tabac froid.

Quand on revoit des émissions de télé d'il y a... quelque temps, ce qui frappe, c'est que, chez Pivot par exemple, tout le monde fumait sur le plateau d'*Apostrophes*. On fumait aussi dans les trains, les avions, les cafés, au cinéma, dans les salles de rédaction, et il y avait, dans ce monde de brume, je ne sais quel charme oriental, une émulation, une fratrie, un laisser-aller propice à l'abandon, à l'imagination, à la naissance d'un papier qui s'accommode si bien de cette association de malfaiteurs que sont, dès le matin, le tabac et le café. La cigarette après l'amour avait du bon, elle permettait non seulement de reprendre un moment ses esprits, mais encore de n'avoir pas à commenter les récents ébats, par crainte de dire une bêtise ! Signe de détente, pause, beauté du geste, mélange de nonchalance et de l'élégance ordinaire, allumer une cigarette était une invitation, un moyen de draguer. « Vous avez du feu ? » Marilyn et Bogart ne seraient plus les mêmes sans leur cigarette. Quant à parler de ce petit film récemment acheté à prix d'or où l'on peut voir miss Monroe fumer un joint… mieux vaut qu'elle se soit suicidée, la pauvre petite !

On peut être pour ou contre la loi Évin du 10 janvier 1991 qui interdit toute « incitation » (terme pour le moins vaste qui englobe on ne sait trop quoi) à la consommation de tabac, pour ou contre l'interdiction de fumer dans les lieux publics, cette loi comporte de vraies dérives. Après la celtique de Sartre qui avait honteusement disparu de la couverture du catalogue de l'exposition consacrée au philosophe à la Bibliothèque nationale, après le mégot de Malraux volatilisé d'un timbre-poste, après la suppression de la cigarette roulée de Lucky Luke devenue brindille qu'il mâchouille faute de mieux, après la pipe de Jacques Tati transformée en un ridicule moulin à vent, les cigarettes de Coco Chanel, d'Audrey Tautou, d'Alain Delon, évaporées, en ce mois de novembre 2009, c'est au tour de Serge Gainsbourg, grand fumeur de gitanes, d'être victime de la loi Évin qui interdit la publicité pour le tabac. Gainsbourg à l'index républicain, il aurait adoré ! D'après Alain Grasset et Catherine Balle du *Parisien*, le 19 novembre 2009 : « La RATP vient de refuser de diffuser l'affiche du film *Gainsbourg (vie héroïque)* réalisé par Joann Sfar qui sortira en janvier. En cause, une photo en noir et blanc de l'acteur Éric Elmosnino – qui incarne Gainsbourg à l'écran et lui ressemble à s'y méprendre – laissant échapper de sa bouche des volutes de fumée. “Le métro est un lieu clos, de service public, dans lequel on ne peut faire aucune publicité pour l'alcool et le tabac”, plaide Métrobus, la régie publicitaire de la RATP, rappelant qu'en cas d'irrespect de la loi Évin “une association peut nous réclamer jusqu'à 100 000 euros”[8]. » Et, à n'en pas douter, les obtenir, et payer grassement les avocats de la cause.

« Cette censure (non pas une précaution, mais bien une censure) agace le producteur et le distributeur du film : “D'autant qu'on avait pris soin de ne faire apparaître aucune cigarette sur cette affiche !” s'énerve le producteur, Marc du Pontavice, qui souligne une absurdité : “Le plus incroyable, c'est que ce refus ne concerne pas la publicité sur les bus… C'est totalement ridicule.” […] En mai, la RATP avait fait remplacer la pipe de Jacques Tati par un moulin à vent sur une affiche qui annonçait une exposition à la Cinémathèque puis, en juillet, fait effacer la cigarette de Delon dans une publicité pour le parfum Eau sauvage. En attendant, le cas Gainsbourg est parfaitement ubuesque, la RATP étant… partenaire du film ! Pour la promo, il est même prévu que le jour de la sortie en salle, les musiciens du métro entonnent le fameux *Poinçonneur des lilas*, titre mythique de la star défunte[9]. »

Anthony Palou se moque : « À quand une version du *Faucon maltais* sans la cibiche de Bogart, du *Bon, la Brute et le Truand* sans le cigarillo de Clint Eastwood, une version d'*Une nuit à l'opéra* sans le cigare de Groucho[10] ? »

---

8. *Le Parisien*, 20 novembre 2009.
9. *Idem.*
10. *Le Figaro,* 17 avril 2009.

La loi Évin assouplie ? En avril dernier, l'ARPP (Autorité de régulation professionnelle de la publicité) a demandé au ministre de la Santé d'ouvrir des discussions pour « assouplir » la loi Évin, jugée sans doute aussi douloureuse qu'une paire de bottes neuves en peau de vache, ampoules garanties. Elle suggérait que la présence de cigarettes, cigares ou pipes soit tolérée pour des pubs promouvant des manifestations ou des produits culturels s'ils utilisent « l'image de personnages illustres, notamment disparus, et pour lesquels ces attributs tabagiques [sic] font notoirement partie intégrante de leur personnalité[11] ». Mais Roselyne Bachelot a répondu par courrier que, si elle n'était pas opposée à cet assouplissement, il ne pouvait en aucun cas intervenir dans une affiche à caractère publicitaire. « Notre problème reste donc inchangé », soupire-t-on chez Métrobus.

Patrick Rambaud va jusqu'à écrire, non sans humour et avec le talent et la truculence qui le caractérisent, qu'il nous faudra bientôt rayer de notre vocabulaire quantité d'expressions liées au tabac et à son usage et qui, nécessairement, viennent polluer l'esprit délicat des plus fragiles, des plus exposés :

« Une saine prohibition, nous le savons d'expérience, entraîne la délation et la contrebande ; s'il faut encourager la première et combattre la seconde, n'oublions pas de traquer la nicotine jusque dans notre vocabulaire courant, puisque la moindre allusion est une incitation. Soyons vigilants. Voici en exclusivité une première liste des expressions qui seront prochainement condamnées par décret.

Faire un tabac. "L'autre mardi, à l'Alcazar de Bourg-en-Bresse, Laurent Gerra a fait un tabac." Chassons l'odieux pétun de cette phrase guillerette et préférons : "Laurent Gerra a fait un malheur" ou : "Il s'est taillé un joli succès."

11. *Le Parisien*, 17 avril 2009.

Coup de tabac. Les vieux marins, accoudés au bastingage, disaient en étudiant le ciel sombre : “On va avoir un sacré coup d’tabac.” Désormais ils diront : “Peste ! On va avoir une fichue tempête !”

Passer à tabac, tabasser. “Les types, y m’ont tabassé pour que j’leur donne le numéro de ma carte Bleue.” On n’entendra plus cette phrase tabagique, mais plutôt : “Ils m’ont sévèrement frappé pour me dévaliser.”

Le même tabac. “Tu causes, tu causes, c’est toujours le même tabac !” L’expression est vieillotte, heureusement, puisqu’on dit de nos jours : “C’est toujours la même chose.”

Se fendre la pipe. “Avec Laurent Gerra, j’te dis pas, on s’est fendu la pipe !” Et le mot rire, il n’existe pas ?

Tête de pipe. Désigne une unité, une personne : “Pour entrer à l’Alcazar de Bourg-en-Bresse, on a payé 20 euros par tête de pipe.” On dira plus naturellement : “Nous avons payé chacun…”

Nom d’une pipe ! Ce juron familier se remplace aisément par n’importe quel juron familier.

Casser sa pipe. Dans un monde sans tabac, voilà bien une expression mal adaptée pour mourir.

Avaler sa chique. Même réflexion que ci-dessus. Rappelons que la chique est un ignoble tabac à mâcher.

Couper la chique. “Je lui ai répondu du tac au tac, et ça lui a coupé la chique !” pour “Il est resté sans voix.”

Papier à cigarette. “Il n’y a pas l’épaisseur d’une feuille de papier à cigarette entre lui et moi.” Autrement dit : “Il n’y a aucune différence entre nous.” Ou divergence, désaccord.

Mégoter. Verbe dont il faut se méfier à cause de sa capacité allusive, car il se réfère au mégot ratatiné pour signifier lésiner, un verbe autrement plus propret.

Fumer. Autre verbe à utiliser avec méfiance. Oublions donc “fumer de colère” ou “un esprit fumeux”, décidons que le jambon fumé sera aujourd'hui boucané, comme le poisson, et que les lunettes fumées seront teintées. Etc[12]. »

La seule occurrence supportable (et encore) est réservée aux paysans ou autres amateurs de jardinage qui, au printemps, s'en vont « fumer » leurs fraises, leurs poireaux, leurs rosiers. Quel malheur, n'est-ce pas, que l'action de mettre du fumier en guise d'engrais soit dite « fumer » ? À moins que les pourfendeurs de voluptés nouvelles se disent – avec ce qu'il faut d'hypocrisie coutumière – que ce n'est justement pas un hasard si le mot « fumier » est si proche du mot « fumeur » !

La logique mise en place, qui fustige le tabac comme l'alcool, est symptomatique d'un puritanisme chronique et délirant, une espèce de cancer mental qui élève la privation au rang de loi morale : au nom de la santé publique, l'État par la voix de l'Assemblée nationale et donc des législateurs, décrète, ordonne que soit éliminé l'objet de la tentation pour éliminer la tentation… Logique, non ? Si l'on veut. Selon ce principe, il serait judicieux de réhabiliter les chasses aux sorcières et de brûler les femmes sur la place publique, de condamner à la déportation les pâtissiers, les fromagers, les confiseurs – artisans de l'augmentation de ce cholestérol qui encrasse nos artères et favorise les maladies cardiovasculaires –, d'exiler les tripiers, les producteurs de foie gras, et toutes catégories de nuisibles qui continuent, en toute impunité, à nous tuer à petit feu. Mais le pire, n'est-ce pas la femme – impératrice des tentations ? Égale de l'homme certes, sur le papier (pas encore sur la feuille de paye), mais pas pour ce qui est du désir, de la libido galopante, de l'envie viscérale. La tentatrice est le pur objet de la tentation : l'éliminer, l'éradiquer serait juste

12. *Le Figaro*, 7 janvier 2008.

cause si l'on veut garder pure l'âme de nos enfants et qu'importe si l'on doit se passer de forniquer, habitude propre aux bêtes, puisque demain on fera l'amour sans amour, des enfants sans coït. Tous nés d'une éprouvette. Non pas volupté nouvelle, mais hérédité nouvelle, nouvelle névrose en suspens, généalogie aléatoire, fantasmatique, eugénisme maquillé en progrès absolu de la science, fille de la déesse Raison et du dieu Progrès. Forme sournoise de l'Inquisition, ou de tout organe de répression totalitaire, la loi est devenue, grâce aux initiatives de quelques grands prêtres, M. Évin et consorts (et les successeurs sont pris d'une fièvre de surenchère permanente), une machine à tout interdire, un décalogue avec des milliers de codicilles : de la libre parole aux petits plaisirs quotidiens. Car parler *tue* aussi si l'on refuse la langue de bois, parler franchement expose à froisser son interlocuteur, à produire ce que certains journalistes spécialistes appellent des « dérapages verbaux », des « couacs » ; le mot « censure » sera à jamais le bras armé de tout régime qui craint pour sa survie et condamne, jette l'anathème et promulgue un barème de répression sur mesure pour protéger sa légitimité. Le but : ne voir qu'une seule tête. Les autres doivent tomber. Et que la tête mise en évidence soit hors d'atteinte, sans l'ombre d'un reproche, saine, bien faite, agréable à regarder, bien sous tous rapports…

Combien de fois, si vous prêtez l'oreille, n'entendez-vous pas tel acteur dans un débat animé lancer à la cantonade : « Vous n'avez pas le droit de dire cela, je ne le permettrai pas. C'est intolérable ! », souvent suivi d'un corollaire du même tonneau : « Vous ne pouvez pas penser que… » Pas penser ? Non ? Depuis quand ? Et chaque fois, je m'étonne du grand calme de celui ou celle qui répond avec ce qu'il faut de tact et d'élégance. Politesse coutumière ou trouille de la répression? Allez savoir! Mais si un quidam a la mauvaise idée de me lancer cette phrase si bien-pensante, je ne saurai me contenir, l'insulte me soulagera les tripes et tant pis pour l'amende! Au nom de quoi me serait-il interdit de dire ce que je pense? La belle affaire, la belle invention d'arbitre du goût et des permissions accordées comme privilège! Ma parole n'est pas un oiseau en cage, une sauvageonne en résidence surveillée, elle est libre comme l'air et je vous emmerde, au secours Cambronne!

L'insulte n'est pas la calomnie, la saillie – pertinente, à-propos – n'est pas un signe d'insupportable arrogance (mot très à la mode: dès qu'on dit vrai, dès qu'on étaye sa pensée, on est forcément « arrogant », prétentieux). Ah ce Newton, quel prétentieux! Et Galilée, non mais! Au secours Beaumarchais, Diderot, Rivarol! Ils n'ont plus une once d'esprit – même mauvais –, de sens de la repartie assassine, du trait, de la pointe. À la casse la rhétorique de la fine pointe de l'esprit – parfois un jeu de mots lourd de sens – théorisé par Gracián. « D'où venez-vous? Je suis allé à Saint-Blaise sans "elle". » Comprenne qui pourra. Pas les néostaliniens occultes ou les grands prêtres de ce qu'on peut dire sans risquer les foudres, les accusations de trouble-fête, d'infréquentables. En effet, « Se révolter contre les maux inévitables et souffrir ceux qu'on peut éviter, grand signe de faiblesse. Que dire d'un homme qui s'impatiente contre le mauvais temps et qui souffre patiemment une injure[13]? [...] ». Oui, nous en sommes là, à souffrir patiemment qu'on nous débite des bas morceaux d'arguments, amusés de voir « les impies invoquer les saints dans le péril: la sottise mérite toujours ses

13. Rivarol, *Œuvres choisies*, t. I, Librairies des bibliophiles, 1880, p. 289.

malheurs[14] ». Tout cela est bien triste, bien mou ! Sans doute l'avons-nous mérité. Propos de façade ? Espérons-le, car qui peut croire qu'ils pensent réellement *en fonction* de cette platitude de bon aloi ? *So politically correct.* Le vieux Frêche ne bride pas sa parole comme une pouliche, il dit ce qu'il pense et pense ce qu'il dit, sans mesure, comme on lâche un pet, va jusqu'à ouvrir un dictionnaire en public pour avérer son propos, dissiper les brumes du premier degré. Rien n'y fait, la classe morale l'exclut, s'offense, s'insurge : « C'est insupportable ! », au pilori, le goudron et les plumes ! Et ce que dit Frêche importe peu (il n'incite pas à la haine raciale comme Céline...). Mais de grâce ne l'ouvrez plus, vous puez du bec ! La langue de bois l'emporte sur la langue de pute, tout est lisse, lisse comme une dalle de caveau.

Combien nous aurions à gagner que, malgré toutes les promesses de liberté de parole qu'on nous fait à tout bout de champ, les émotions soient vives, les réactions sans embarras ! Mais non, « vous n'avez pas le droit de dire que... » – justement si : et si je m'expose à dire une énormité, je veux bien être, le cas échéant, traîné devant les tribunaux, puisque tout se paie. Je peux dire que Hitler est antisémite, mais pas Dieudonné parce que le second est vivant ! Et qu'il faut tout prouver, étayer, démontrer, sans l'ombre d'un doute. Pourquoi ne dirais-je pas que M. Sarkozy est petit (physiquement parlant, cela va de soi), comme Napoléon, et plus grand que Mimie Mathy, qui est, selon le code en vigueur, une « personne de petite taille » ? Mais juger sur le physique, cela aussi est petit. On peut, dans l'absolu, tout dire et accepter d'être jugé, se moquer de tout, être catholique et dire que le Vatican est la seule

14. Rivarol, *Œuvres choisies*, *op. cit.*

maison de retraite où l'on s'occupe aussi bien des vieux jusqu'au bout, être communiste et dire que *Le Capital* n'a rien rapporté à son auteur et donc que ce fut un mauvais placement ! Les seuls régimes où l'on ne rit pas sont les dictatures. Pas d'humour chez les Soviets où, d'après Anna Akhmatova, seuls les morts avaient le sourire : « C'était le temps où ne souriait/Que le mort heureux de goûter la paix[15]. » Il y a là de quoi se méfier et craindre en effet qu'on ne puisse pas dire que…

Le droit à la libre parole n'est pas pour autant le droit de dire n'importe quoi, mais de livrer son opinion dans les limites de la bienséance, des règles d'usage, de la politesse (sinon de la courtoisie), en un mot des conventions qui, d'ailleurs, en permettent plus qu'on ne croit : il ne s'agit pas de se contraindre ou de s'autocensurer sans cesse, mais pas davantage d'êtres privés de droit de réponse ou de livrer son avis, sans qu'il soit ficelé comme un saucisson. Sans doute l'exercice demande-t-il un minimum de règles, de pratiques, d'expériences, une espèce de maïeutique socratique en somme : être le taon qui taquine le cul de la mule – pas le nuage de sauterelles qui dévastent tout sur son passage. Question d'à-propos plus que de pondération. De mesure. Mais les précautions d'usage ne doivent en rien limiter la nécessaire spontanéité du discours, faute de quoi plus aucune parole ne sera valide ou même comprise… ou sombrera dans la catégorie à la mode des « dérapages verbaux » qui nous renvoie aux strictes limites d'un classique du genre : la langue de bois, gage de vermoulure. Et puisque la fonction crée l'organe, il y a, hélas, fort à parier que nous ne sommes pas prêts de goûter la viande dans son jus, mais une pauvre tranche froide, sans moutarde ni

15. Anna Akhmatova, *Poème sans héros et autres œuvres*, traduction Jeanne et Fernand Rude, Maspero, 1982, p. 176.

mayonnaise, sans l'ombre d'un accompagnement – tant et si bien que nous aurons du mal à avaler ce plat trop sec pour ne pas continuer d'avoir envie de plus de naturel. Combien je préfère la verve drue d'un Jean Dutourd, les incorrections magistrales d'un Dominique de Roux, génial d'impertinence et de panache (exemples : « Con : un imbécile qui prend ses responsabilités[16] » – dire cela aujourd'hui ou oser avancer en public : « La Révolution française a donné de l'importance aux avocats, aux clercs de notaire et aux écrivains, bref à tous ceux qui autrefois mangeaient dans la cuisine[17] » !), les énervements de Bernanos, les emportements d'un Hemingway, à tous ces seconds couteaux, ces petits messieurs sans esprit, policés faute d'être polissons, couilles molles et reparties sans sel. Ô Jean-Edern, cher Hallier de toute juste cause, ta *Lettre ouverte au colin froid* nous rappelle chaque jour ce qu'on nous sert ! Une triste daube. Ce genre d'Idiot magnifique nous manque terriblement…

Mais le doux parfum d'interdits n'en finit pas de faire frissonner nos narines… Parce qu'il réveille en nous les joies de la transgression. Prenons des exemples : cet ado qui se dandine sur son vélo en empruntant un sens interdit, son air ravi traduit la décharge d'adrénaline, il roule sur le trottoir avec une insupportable liberté, celle des hors-la-loi ; tel est le plaisir de flirter avec la limite, de skier hors piste ; la jeune fille qui montre avec ostentation son nombril ou fait savamment dépasser le haut de son string rouge de son jean taille basse, autant pour montrer ses charmes et son indépendance que pour emmerder sa mère… Cette avalanche d'interdits aura pour seul effet d'exciter nos envies de

16. Dominique de Roux, *Immédiatement*, Bourgois, 1972.
17. *Ibid.*

passer outre. Nous pourrions même aller plus loin : comme ils se trompent et s'abusent les partisans du voile intégral, qui n'est pas islamique selon les uns, pas dans la loi coranique selon les autres (ce qui est vrai) – et qu'importe ! S'ils savaient à quel point cette idée de femme qui croit servir Dieu et « avance masquée », c'était la devise de Descartes ! cette apparition donc, couverte de la tête aux pieds d'un rideau noir, excite plus encore ces dégénérés d'Occidentaux ! Fatigués qu'ils sont de voir partout exhiber des créatures de rêve dans le plus simple appareil ou peu s'en faut. Partout, dans les Abribus, sur les pages des magazines, sur les plages, les panneaux publicitaires du métro, à l'entrée des villes. La réaction est bien connue, Roland Barthes l'a analysée dans ses *Mythologies*, ce qui éveille et taquine l'imagination, face à une femme *topless* s'exhibant sur le sable ou dans l'écume estivale, bikini riquiqui, ce n'est pas tant ce qu'elle montre que ce que ce pauvre triangle de tissu cache encore : le mâle ne voit plus que cela, le reste est apéritif et le dissimulé plat de consistance. Quel dommage que les filles voilées, qui dissimulent avec tant d'art leurs cheveux – symbole érotique par excellence – soient souvent les plus moches, au moins cela permet-il d'espérer que celles qui le sont totalement (burqa et compagnie) soient plus jolies : on ne voit que leurs yeux, et encore – mais c'est tout le reste qui inspire le dévoilement sauvage, une envie de déchirer à pleines dents cette noirceur fluide qui flotte au vent ! Vous avouerez que le paradoxe est énorme, comme dirait Flaubert : ces filles se planquent pour être pieuses et ne pas froisser le bon Dieu (qui, à mon humble avis, ne tient pas un registre pour savoir qui se cache ou pas) et deviennent, à leur insu, des fantasmes ambulants – autant que la bête noire des femmes libérées françaises qui ont, en les regardant, l'impression que ces saintes-nitouches crachent allègrement sur leur combat…

Quand il n'y a rien à voir, tout est suscité et titille le désir : c'est le principe des romans libertins que de mettre en scène des moines paillards, des religieuses cloîtrées, obsédées, plus dévergondées qu'une porte de boudoir, parce qu'en principe ils appartiennent à un monde clos, muré d'interdits sexuels, d'art de la privation, d'ascèse consentie loin des regards du monde, qui pousse le romancier à détruire cette jolie construction pour la remplacer par la peinture la plus débridée qui soit. C'est vieux comme l'Occident, cet art de se sentir vivant en poussant les portes condamnées, vieux comme Barbe-Bleue, comme Marot mangeant du lard en pleine semaine sainte et jeté par les forces de l'ordre dans une cellule du Châtelet dont François Ier le sort en riant dans sa moustache bien taillée. C'est l'histoire de la pudeur qu'on ne peut écrire sans celle de l'impudeur, qui varie selon les âges et les cultures. Pudeur, voire pudibonderie, des conventions sociales qu'on ne peut comprendre sans ceux qui les troussent allègrement comme fille de ferme consentante. C'est plus encore le désir de saturer le réel pour oublier la part sombre du principe de réalité : Sade ne fait rien d'autre. Il n'est pas seulement irréligieux, athée, délirant, amateur de jardins, de prostituées, fou des œuvres de Rousseau, il construit patiemment une logique de la saturation : phrases lourdes de mots, de constructions grammaticales savantes pour dire le corps libertin, ses enchevêtrements, ses positions improbables où chaque trou est, lui aussi, comblé, rempli. Remplir les corps comme on construit une phrase… Remplir pour mieux vider le sens. Amusement de potaches, exagération, folie douce ? Sans doute, mais plus encore, plus nécessaire qu'on ne le croie. Mais je préfère ce genre de jeux, d'art de franchir la ligne jaune, aux distractions des matons, à la rigueur des maîtres inquisiteurs, à la délation, au respect scrupuleux de lois mortifères. Pas de pouvoir sans contre-pouvoir. Ces gestes, ces réactions parfois démesurées, sont aussi drôles et nécessaires que l'acte de verser dans un bénitier une poignée de têtards ou un pot d'encre violette : le gamin qui ne résiste pas à ce petit jeu ne se veut pas « profanateur », pas pour un sou (bien que dans l'absolu, il profane), il veut la franche rigolade, signe de bonne santé, bien qu'il n'ait pas conscience que ce qu'il fait donne aussi un sens supplémentaire au sacré. Un peu comme le rot bruyant poussé par l'infante d'Espagne sous son dais, en présence du duc de Saint-Simon qui, évidemment, s'en offusque lorsqu'il raconte les faits. Cabanis qualifie l'anecdote d'unique respiration de l'ensemble des Mémoires du duc et pair ! Un rot d'autant plus salutaire qu'il est justement poussé par l'infante, à qui on ne peut évidemment rien dire, puisque la sacro-sainte étiquette l'interdit. C'est toute la beauté de « ce qu'on se permet » dans les marges, en lisière de la « tenue correcte exigée » – et qui accorde aux autres d'être satisfaits (ou de supporter) de l'avoir endossée. C'est en ce sens qu'il faut comprendre la saillie de Witold Gombrowicz affirmant que, s'il était académicien, il s'habillerait tout le temps en académicien, pour aller chercher son pain comme pour prendre le métro. Cette attitude souligne non seulement l'idiotie de vouloir être académicien, et d'être doté d'un uniforme, mais la volonté de jouer avec les convenances, presque à rebours, de se déguiser justement « tout le temps », c'est-à-dire sans raison, par plaisir, par principe, par outrance, pour le jeu, en sachant que personne ne pourra rien dire puisque l'habit en question est un costume légalement porté, non plus en certaines occasions, mais à longueur de temps… Carnaval toute l'année. À ce compte, le ridicule ne tue plus.

L'amour des interdits n'a pas d'âge et les bonnes raisons de l'imposer par tous les moyens non plus. Calvin, saint homme à n'en pas douter, toujours animé par la volonté de réformer l'homme et la cité, impose à Genève un rigorisme, un moralisme austère qui réglemente la vie privée : peu ou pas de bals (lieu de débauche et de perdition), aucune gourmandise, pas de faste dans l'habillement (tout le monde en noir, pas de jaloux), pas d'outrage à la décence (ne montre pas tes chevilles, ma fille), pas de jurons, de blasphèmes (bordel !), de chansons frivoles (paillardes encore moins !), pas de livres superstitieux (rien ou presque, hormis la Bible), pas de poètes mondains ou légers (les poètes lourds, c'est tellement mieux !), se dégager des liens de la chair (trop dégoûtants), des « convoitises moroses » (tout un programme), des prières bavardes… Pas si loin de ce que, *mutatis mutandis*, nous sommes en train de vivre. Ajoutons à cette charmante liste qu'il condamne les anabaptistes, les libertins spirituels, les illuministes, un peu comme les écolos condamnent les énergies fossiles. Et, loin d'effrayer, la vie saine et sainte proposée par le réformateur attira à Genève des foules de jeunes gens, d'intellos et j'en passe. Rigueur quand tu nous tiens ! Libre à moi de préférer la repartie du cardinal Roncalli, futur Jean XXIII, qui répondit à un invité étonné de le voir manger d'aussi bon appétit et plutôt deux fois qu'une, en se réjouissant de l'excellence du vin : « Pourquoi les bonnes choses seraient-elles réservées aux mécréants ? » Et toc. Remettez-moi un peu de ce Clos Vougeot avant qu'il n'y en ait plus ! Notre désir de sainteté est-il à ce point exacerbé que nous aspirons à nous priver de tout ? Ou ne serait-ce plutôt qu'au regard des religions traditionnelles en perte de vitesse, du moins sur le Vieux Continent, nous lui substituions une autre religion, encore plus contraignante : ne mange pas ceci, pas cela, pas autant, ne bois que de l'eau filtrée, pas d'alcool, ne fume pas, travaille beaucoup en bénissant le ciel et le gouvernement d'avoir un travail, dépense pour relancer l'économie, préfère les énergies renouvelables, les fruits de saison qui viennent d'à côté et, pour les meilleurs d'entre nous qui restent motivés, deviens un gourou nu, un sage qui jeûne, marche pieds nus, sans toit, au gré du temps, vit d'aumônes...

Attention, si vous avez le malheur de conduire un 4x4 (étant donné leur prix, c'est vraiment dégueulasse, d'autant que les conducteurs ont un air passablement idiot) au lieu d'une trottinette, cheveux au vent, de polluer avec ostentation, de jeter vos ordures sans les avoir religieusement triées, de prendre l'avion comme si c'était une bicyclette... vous êtes coupables de détruire la sacro-sainte atmosphère, de précipiter la fin du monde. Vous et les éléphants qui ont des problèmes de transit, les vaches qui ont abusé de luzerne, vous trouez un peu plus la couche d'ozone, vous mettez la planète en danger et, avec elle, l'avenir de vos enfants. Chasse au gaspi, au laisser-aller ! Haro sur les dépensiers, les inconscients qui flambent à tout-va ! L'intérêt de la démarche semble, hélas, moins de vous responsabiliser que de vous culpabiliser. On attend de vous que vous battiez votre coulpe, que vous vous fustigiez, vous flagelliez sans relâche (spécialité française !) puis, après avoir publiquement confessé l'ampleur et la gravité de votre faute, que vous mettiez en place une batterie de belles intentions sans y déroger, que vous vous amendiez sans perdre un instant de vue que vous êtes ce délinquant, cet égoïste, ce salaud par qui le scandale et l'horreur arrivent. L'hypocrisie de la logique en place est qu'elle stigmatise le consommateur en même temps qu'elle idolâtre la consommation. Difficile à tenir. Achetez des gels douches « nature » – pardon « ultrabio », sans paraben –, mais sans trop faire couler la pomme de douche ; soutenir l'industrie automobile mais en acquérant un véhicule propre – pourquoi ne pas le laisser davantage au garage et emprunter les transports en commun ? Car, en sortant du bus ou du métro, vous aurez encore plus envie d'acheter de quoi vous désinfecter. Achetez du porc pour soutenir les producteurs bretons, avec des cageots de choux-fleurs, de la charcuterie régionale, en même temps que vous multipliez les visites chez le médecin qui vous prescrit une prise de sang hebdomadaire pour vérifier votre taux de cholestérol (par pitié, quand vous dévorez une saucisse, ne vous sentez pas coupable !) ; achetez un vélo fabriqué en France pour faire de l'exercice et perdre vos poignées d'amour, abonnez-vous à une salle de sport high-tech, sans oublier de faire un tour chez le marchand de vêtements adapté, après avoir vérifié où il fait fabriquer sa marchandise, car vous pourriez être un esclavagiste sans le savoir et engraisser les exploiteurs d'enfants, ce qui nécessitera de faire de fréquentes visites chez le psy, histoire de se déculpabiliser. Endettez-vous pour avoir les moyens de vous payer un coach de vie, faites-vous lifter pour séduire votre banquier, ayez recours à votre avocat pour confondre ceux qui ne prennent pas soin de votre sécurité, qui galvaudent votre image, qui vous ont menti, leurré, abusé. Pensez jour et nuit à tout ce que vous pouvez acheter sans en avoir besoin et à ces besoins qu'on vous inocule à force de messages subliminaux au point qu'ils deviennent des nécessités ; et surtout, ne jetez rien, plus rien : donner vos vieux habits à des « œuvres », faites de la chapelure avec les restes de pain avant de songer à aller nourrir ces saloperies de pigeons dont les fientes détruisent nos monuments, donnez de l'argent aux bienfaiteurs qui stérilisent ces volatiles dégoûtants, à la recherche qui ne trouve pas ; donnez de votre temps (surtout celui que vous n'avez pas, c'est mieux) à des ONG, prenez-vous pour l'abbé Pierre, le docteur Schweitzer, sœur Emmanuelle – enfin, une « caution morale » ; donnez le produit de vos vide-greniers au WWF si vous préférez les pandas aux Haïtiens, à la Croix-Rouge si vous préférez les Somaliens aux phoques, au Croissant-Rouge si vous préférez les Yéménites aux Philippins… Question, non pas de goût, mais de choix existentiels. De priorités. Vous dormirez mieux, promis. Une verveine avec un peu d'eau de pluie recueillie dans une bassine et bonne nuit consommateur. Ne gaspillez pas votre énergie en faisant l'amour, faites-le faire par d'autres (ce qui est souvent le cas) ou par ces médecins de génie qui vous assurent que copuler c'est dépassé, dangereux.

Dans notre enfance aussi, la litanie éducative rabâchait : tu ne jetteras rien, à la seule différence qu'il y avait tellement moins à jeter. La basse-cour – poules, lapins et autres garde-manger sur pattes –, recyclait les restes sans qu'on ait besoin de construire une caisse à compost. Les carcasses de volailles, les os de gigot ou de côtes de veau devenaient des fonds de sauces –, mais que de patience et d'énergie (surtout sur ces feux continus alimentés au charbon !) pour en arriver là ! Dans les familles nombreuses, on n'osait pas donner les vêtements : le petit dernier portant toujours les habits des aînés, jusqu'à la trame, au point d'avoir l'air d'un clochard. Les cadeaux de Noël étaient non pas plus chiches, mais moins prodigues et, souvent, ils complétaient ceux de l'année passée : génie du Meccano… On préférait l'utile au superflu – quitte à décevoir les attentes de la marmaille. Sans doute gaspillait-on moins ou, en tout cas, nul ne se sentait coupable de faire rentrer de l'anthracite par camion entier, de faire cuire pendant des heures les conserves de légumes pour l'hiver, de manger cinq heures de suite sans penser que le jeûne permet de se rapprocher de ceux qui ont faim, de prendre des bains avec une eau jamais brûlante (peu de chauffe-bains…), de cuisiner au beurre (ou au saindoux) avec force crème, de penser que l'eau minérale est une espèce de médicament et de jeter les capsules embouties avec le reste, sans savoir ce que c'est qu'un sac-poubelle. Le Moyen Âge. L'obscurantisme de ceux qui ne se rendent compte de rien, des parasites. Aujourd'hui pourtant, et contrairement à hier, on ne répare plus rien, on se débarrasse – dédouané pour avoir dûment payé une taxe proportionnelle; durée de vie d'un ordinateur? Faut-il répondre? Mais, il y a quelques décennies encore: durée de vie d'une cuisinière (pas en chair et en os, en acier et en tôle)? une vie; d'une cafetière? jusqu'à ce qu'elle soit rouillée; d'un aspirateur? jusqu'à ce qu'on ne puisse plus trouver les pièces de rechange; d'un mariage? jusqu'à ce que l'un des deux soit mort. Il en est aujourd'hui du conjoint comme des programmes informatiques: on en change avant qu'il soit devenu obsolète, impossible à exploiter, à remettre en état... La seule chose qu'on jetait sans peine était sa gourme, on remplaçait ses illusions par des déconvenues avant de se jeter dans le travail sans avoir l'impression d'être condamné aux travaux forcés. On jetait encore son dévolu sur un joli minois, mais sans craindre qu'il vous accuse de harcèlement sexuel et vous traîne devant les tribunaux; on rejetait quelques principes d'éducation jugés trop désuets, trop étouffants avant de les défendre, après quelques printemps, par respect pour l'amour gratuit reçu. Il est vrai qu'on ne se donnait pas en spectacle, qu'on ne parlait pas argent sous peine d'être d'une vulgarité sans nom, qu'on était fidèle sans avoir besoin de carte de fidélité pour nous rappeler les bienfaits de cette vertu... On ne jetait pas davantage l'argent par les fenêtres parce qu'on savait estimer la part du nécessaire et de l'accessoire (devenu un article de mode indispensable). Aucune nostalgie dans ces propos, rien qu'une mise au point, au net, et le regret de voir nos contemporains si peu épanouis au regard de tout ce qu'ils dépensent, convaincus de ne rien gaspiller, mais de tout « placer » au mieux. Répondre à l'impulsion d'achat ne rend donc pas très heureux, mais satisfaire la névrose du recyclage systématique non plus, si ce n'est la très passagère satisfaction du travail bien fait : papiers dans telle boîte, déchets organiques dans une autre – au point de finir par se considérer soi-même comme un déchet qu'il faudra, lui aussi, recycler à terme. Dans une urne à base de coquilles d'huître broyées, par exemple, quand l'heure du trépas aura sonné, bien qu'on ait tout fait pour penser à autre chose.

Le bon ou le bien vivant est, un peu précipitamment, assimilé à un égoïste chronique : rien de plus faux, il excelle à être bien dans sa peau, dans sa vie, dans sa tête, comme disent les jeunes, pour être une agréable compagnie, devenir un agrément, une présence que l'on recherche au lieu de la fuir. Autre paradoxe : il se porterait mal, ses examens sanguins seraient dignes du livre des records ; pis encore, son attitude serait suicidaire, il n'aurait même pas le respect de lui-même – c'est dire son degré d'inhumanité. C'est passer sous silence que cette qualité de vie ne se satisfait pas de collectionner les excès comme norme, déduction hâtive et aberrante. Idée sous-jacente : il ou elle travaille à devenir gros, pour ne pas dire obèse. Adipeux, repoussant. Et quand on pense à la ségrégation active dont cette catégorie est victime… Le « gros » doit payer double (y compris dans les avions) et, si possible, se faire oublier (ce qui n'est pas facile étant donné sa corpulence) puisqu'il ne peut se faire petit, fluet. Le « gros » est une insulte à la religion des régimes, de la minceur affichée, cadavérique, idéalisée depuis belle lurette par la duchesse de Windsor et sa devise : « On n'est jamais assez riche ni assez maigre. » Churchill n'aurait pas approuvé, lui qui ne faisait pas pitié à voir. Et comme il n'est pas donné à tout le monde d'être riche ou de le devenir, reste qu'on peut toujours devenir filiforme, transparent. Contre-exemple : je connais, nous connaissons tous des bons vivants bien proportionnés, autant que des « bons gros » heureux, ravis, épanouis, allergiques aux régimes. Ils ne sont pas pour autant moribonds, perfusés nuit et jour. Pas de règles, un exercice permanent de la tolérance, vertu délicate s'il en faut, vertu au forceps tant elle est difficile à mettre au jour autant qu'en pratique – elle aussi est un état d'esprit, en quelque sorte, et surtout un minimum. Sinon, parfois, un état d'urgence à adopter face aux formes multiples de racismes larvés, sous-jacents, rampants : à bas les viveurs, les gros, les pauvres (souvent, dans l'hystérie collective : les pauvres sont « prédisposés » à devenir gros, ils mangent des saloperies grasses en diable et, comme ils ne peuvent se permettre que des plats lourds, huileux, ils se ruent sur les frites, saucisses et autres délicatesses) ; à bas les marginaux, les asociaux. Au régime Bouddha ! Plus de plis sur le ventre, de gras sur le bide, de menton tombant. Si tu veux avoir une chance d'être quelqu'un soit « comme tout le monde », c'est-à-dire une petite chose fragile, *small is beautiful, tiny, tall and thin* ; la princesse Diana était une boulimique/anorexique, mais cela lui allait si bien, quant à la duchesse d'York, sa belle-sœur, elle est flasque, donc malheureuse, une tête de veau gribiche ! La starisation impose ses lois : dernier délire, passer du 38 au double zéro, soit une taille 34, idéal absolu, proportions divines – mais pour qui ? La petite Renée du *Journal de Bridget Jones* a fondu comme neige d'avril au soleil : ne reste que sa dépouille. Son amant se plaint de ne pouvoir lui faire l'amour sans être couvert d'ecchymoses. Idem pour Meg Ryan et tant d'autres qui ont, en plus, le malheur d'avoir passé la quarantaine. Pas ce genre de problème avec certains autres exemples : Mathilde Seignier, Irène Jacob, Emmanuelle Devos ! Mais au fait, je viens d'apercevoir Catherine Deneuve, n'aurait-elle pas un peu grossi, je dirais même qu'elle s'est empâtée ? Question de demeuré, remarque de goujat. Les femmes qui mangent avec un appétit non dissimulé sont plus érotiques, plus érotisantes qu'elles ne le pensent ; un bon coup de fourchette laisse présager le bon coup. L'imagination à tous les étages, la satiété aussi difficile à satisfaire que monter vers l'extase clitoridienne ! Hésiter face à un faisan farci et lui préférer une salade de soja réprime immédiatement la libido du mâle qui régale. Il ne peut s'empêcher de penser : « Si elle fait preuve d'autant d'appétit dans un lit ! », et jette un œil alentour dans l'espoir d'y trouver une amatrice de profiteroles.

Les plaisirs de la table et du lit se complètent et même se corroborent. C'est la fringale après l'amour, le verre de champagne avant. D'après Peter Farb et George Armelagos, deux spécialistes américains, l'association entre nourriture et activité sexuelle remonte probablement aux plus anciens chasseurs-cueilleurs : « Manger ensemble, pour un couple, peut créer un lien plus fort qu'avoir des rapports sexuels, ne serait-ce que parce que les gens mangent plus souvent et d'une manière plus prévisible qu'ils n'ont de relations sexuelles. [...] Mais cette association étroite entre sexe et nourriture est tout autant biologique que sociale. Avoir des rapports sexuels donne faim, car on y dépense rapidement une importante quantité de protéines ; on constate également un parallélisme très étroit dans la manière dont réagit le système nerveux, dans le cas de l'excitation sexuelle et de celle que provoque la sensation de la faim. Il existe des structures nerveuses (appelées corpuscules de Krause) que l'on trouve à la fois dans les organes sexuels (exactement dans le clitoris chez la femme, et dans le gland du pénis chez l'homme) et dans la bouche (essentiellement dans la langue et les lèvres). Quelques neurobiologistes voient même une certaine correspondance entre les surfaces sensibles des organes sexuels et les papilles gustatives de la bouche, correspondance qui expliquerait pourquoi le désir sexuel, tout comme le fumet d'un bon plat, fait venir l'eau à la bouche[18]. » Pareille découverte m'enthousiasme ! C'est une grande chose que la science, dirait Monsieur Jourdain ! Comment s'étonner alors que les joies du sexe rejoignent (complètent, précèdent ou prolongent) celles de la table ? L'emploi de métaphores atteste d'ailleurs cette parenté : ne compare-t-on pas le sexe féminin à un abricot (sec dans de très rares cas), une figue – fraîche (en Italie) –, une amande… si ce n'est la « moule » complaisante, condensé marin extatique, qui fait passer l'imagination du verger aux fruits de mer ? Le membre masculin n'est-il pas ce bambou (tendre), voire cet esquimau fort peu glacé vu comme une friandise autant que comme un instrument ? Ou même la « sucette à l'anis » de ce cher Gainsbourg que France Gall suçota sans deviner ce qu'elle chantait…

Le lien est si connexe que les interdits qui frappent l'un atteignent aussi l'autre. Pour preuve, dès les origines de la morale sexuelle occidentale, l'apparition de prescriptions de continences périodiques joue un rôle considérable dans la morale du mariage et donc de la famille. Il est donc « un temps pour embrasser et un temps pour fuir les embrassements », comme l'énonce l'Ecclésiaste, et par conséquent un temps pour se nourrir et un temps pour jeûner. Jean-Louis Flandrin analyse les subtilités de ce rapport entre morale et interdit[19] et liste les périodes de continence

18. Peter Farb, George Armelagos, *Anthropologie des coutumes alimentaires,* Denoël, 1985, p. 105.

19. Jean-Louis Flandrin, *Un temps pour embrasser. Aux origines de la morale sexuelle occidentale (VIe-XIe siècle)*, Seuil, 1983.

sexuelle et leur importance : grossesse, post-partum, période menstruelle, carême, Pentecôte, avent, Noël, etc. Les codes des pénitentiels disposaient même d'un barème spécifique pour chaque non-respect des règles établies, tout comme les lois somptuaires (du latin *sumere*, consommer), qui remontent à l'Antiquité, restreignaient les droits des personnes à manger certains aliments. Tel fut le cas de celles promulguées par Édouard III en 1363, à l'encontre des domestiques devenus main-d'œuvre rare en raison de la peste noire, et donc de plus en plus exigeante. La France n'est pas en reste puisque, entre 1563 et 1577, six édits limitent à trois le nombre des services pendant un repas, interdisent que l'on mange viande *et* poisson... Passer outre était s'exposer à d'énormes amendes et le cuisinier qui avaient préparé la cause du scandale risquait quinze jours de prison au pain sec et à l'eau, histoire de se refaire une santé en même temps qu'une morale ! Mais la multiplication de ces interdits prouve qu'ils étaient peu appliqués et peu applicables – ce qui eut pour conséquence notoire que les Européens préférèrent manger de la viande tant qu'il y en avait (la France était jusqu'à la fin du XVIIIe siècle particulièrement giboyeuse) et peu de légumes. Nos habitudes alimentaires ont une histoire aussi riche que la nôtre. Des siècles plus tard, le parlement de Paris accorde encore par dérogation spéciale le droit de manger des œufs pendant le carême ! Et l'on s'amuse en pensant que l'Ancien Régime était déjà prisonnier de sa pusillanimité autant que de la lenteur de ses fonctionnaires.

L'application de toute une gamme d'interdits touche donc ces deux aspects de la vie si étroitement liés. On les retrouve dans nombre de sociétés, en Inde comme chez les Juifs, et presque toujours pour des raisons de « pureté ». Pas de relations sexuelles durant les quinze jours qui suivent les règles pour un Juif pratiquant, ainsi que des restrictions alimentaires non moins contraignantes. L'ami Rabelais ne s'encombrait pas de ces choses et l'on se réjouit de constater que ses héros aiment aussi bien manger que « foutre » ! Et sans mesure. Peut-être même que la légende des produits dits aphrodisiaques est liée à la combinaison de ces limitations, de ces frustrations : il s'agit d'être en forme quand cela est permis ! Éviter la panne. Déjà, Pline recommande l'emploi de corne de rhinocéros et des yeux de hyènes, Horace celui de moelle séchée et de foie, les Indiens celui du chutney et les Chinois l'aileron de requin et la soupe de nid d'hirondelle ; les Aztèques étaient si convaincus par les propriétés du chocolat qu'ils l'interdisaient à leurs épouses (allez comprendre). Durant l'époque élisabéthaine, la vertu des prunes en la matière faisait qu'elles étaient servies gratuitement dans les bordels, pour soutenir la clientèle. Pour d'autres raisons, il arrivait que les performances de tel animal laissent à penser que l'ingérer aiderait la nature. On se gavait donc de lapin ou de bouc – animaux fornicateurs. Mais, dans l'absolu, tous les aliments possèdent des propriétés aphrodisiaques pour la simple raison que manger accélère le pouls, augmente la pression sanguine (y compris là où le besoin s'en fait sentir !), élève la température corporelle jusqu'à provoquer parfois un surcroît de transpiration : changements d'ailleurs identiques à ceux qui accompagnent normalement l'orgasme… Un médecin français du XVIIe siècle alla jusqu'à penser qu'ingérer « de grandes quantités de poissons et de coquillages pendant le Carême rendait ardents en amour[20] », mais cette inclinaison n'était-elle pas due aux propriétés nutritives desdits aliments ou à la période propice du carême qui, à force de tout restreindre, dilate

20. Peter Farb, George Armelagos, *op. cit.*, p. 106.

les envies ? Libre à vous donc de préférer les huîtres à la laitance de poisson, le gingembre confit aux pommes de terre. Lorsque le tubercule arriva d'Amérique du Sud en Europe, à la Renaissance, il passait pour être un fruit de l'Éden et donc du jardin défendu, au point de porter un moment le nom de « pomme d'amour », c'est dire qu'il inspirait. Même Shakespeare atteste de son engouement dans *Les Joyeuses Commères de Windsor* où Falstaff s'adresse à une femme qu'il est sur le point d'embrasser en lui disant : « Maintenant que le ciel fasse pleuvoir des patates... Qu'il grêle des dragées aphrodisiaques... Qu'une tempête de provocations éclate[21] ! » Un livre de cuisine de 1596 explique sans ambages qu'une « tarte aux patates douces donne courage tant aux hommes qu'aux femmes » ; courage, dans le sens « d'avoir du cœur à l'ouvrage », bien entendu. L'imagination humaine est moins bridée que l'intelligence et s'adonner aux plaisirs de Vénus peut, d'après d'autres légendes, être favorisé par la mise en pratique de la théorie dite des « Signatures », d'après laquelle les vertus cachées d'une plante ou d'un animal sont révélées par leur apparence. Dans cette logique, ce qui ressemble aux testicules leur donnera de la vigueur : bulbes, tubercules tels que les oignons ou les pommes de terre – voire les *coronas* qu'affectionnait Hemingway qui en dégustait au petit déjeuner ; *idem* pour les bananes, asperges, carottes qui sont des sortes de verges ; *idem* pour l'artichaut et les dattes pour les femmes (d'après d'anciennes sources) et même jusqu'à la vanille dont l'origine étymologique dérive du latin *vagina* à cause de la ressemblance qui existe entre la racine de vanille et le canal vaginal !

21. Shakespeare, *Les Joyeuses Commères de Windsor*, Acte V, scène v, traduction de F.-V. Hugo.

Certaines pratiques ne sont pas sans fondements : après l'avoir testée, le Marquis de Sade donna à ingérer à des prostituées de la « mouche espagnole » ou cantharide, préparation faite à base d'un certain type de coléoptère séché et réduit en poudre ; en ingérer irrite terriblement le système gastro-intestinal et provoque une dilatation des vaisseaux sanguins qui stimule l'activité sexuelle, d'où érection violente, priapique et gonflement du clitoris – les reins en paient le prix, mais qu'est-ce en comparaison d'une soirée réussie ? Le yohimbine d'Afrique occidentale est doté des mêmes propriétés : à chaque culture sa recette. Mais le plus répandu des trucs est encore l'alcool. Cela ne date pas d'hier. Moïse Maïmonide, philosophe et mystique juif, écrit que le vin est beaucoup plus efficace que l'eau et n'importe quelle médecine ou nourriture et qu'il contribue d'autant plus à obtenir une érection franche qu'on le boit avec plaisir. Inutile de le contredire. Dans *Les Contes de Cantorbéry,* Chaucer fait parler Bath, une femme pleine de verve, qui recommande l'ingestion de liqueurs fortes car « une bouche lascive, remarque-t-elle, c'est aussi une queue lascive ». Question de dosage, madame. L'alcool est avant tout un sédatif ; il diminue donc l'activité de l'esprit et, pris en trop grande quantité, rend même totalement inefficace (qui n'en a pas l'expérience ?), mais à dose raisonnable (à chacun de trouver la sienne), il diminue les tensions psychologiques, désinhibe à merveille et joue le rôle de stimulant mental. Un bon vivant comme Casanova n'aurait pas infirmé ce jugement, y compris pour ce qui est des aphrodisiaques ; il aimait les huîtres, les viandes faisandées et les bourgognes lourds et tanniques, mais sans que les excès paralysent ses facultés et dispositions à jouir honnêtement d'une femme… (plutôt qu'à la faire jouir !).

Qu'importe, au demeurant, ce qu'on estime pouvoir être susceptible d'exciter ce qui l'est déjà puisqu'il suffit d'y croire pour être étonné, voire satisfait. C'est l'effet placebo dans toute sa splendeur. La disposition psychologique l'emporte en cela sur l'efficacité, même prouvée, du produit.

Les adeptes de la rétention et de l'abstinence ne savent pas combien ils rejoignent les conseils des maîtres du combat spirituel, qu'ils soient chrétiens comme saint Pierre d'Alcántara ou indiens (hindous, plus religieusement) comme les maîtres védiques ou les shivaïstes tantriques ou pas. Dans son *Traité de dévotion*, d'Alcántara liste les dix choses qui empêchent la dévotion, la huitième est la suivante : « Ce sont les plaisirs de la table, l'excès dans le boire et dans le manger, surtout les longs repas ; car ils sont une très mauvaise préparation pour les exercices spirituels et pour les veilles sacrées, attendues qu'avec un corps appesanti et chargé de nourriture, l'esprit est très mal disposé pour prendre son envol vers les hauteurs[22]. » Amen. Un maître indien ne l'aurait pas contrarié ni amendé ni démenti. La lecture du traité de saint Augustin, *L'Utilité du jeûne*, est un sommet du genre. La logique est simple : puisque la vraie nourriture, la seule qui nous ravitaille sur le chemin du salut, est la justice, nous devons régler et modérer (nous y sommes, les mots sont lâchés) les aliments matériels qu'il ne faut pas dédaigner, parce qu'ils sont nécessaires. En ce sens, la privation imposée aux sens n'est pas une marque de mépris à l'encontre de la chair, mais une manière de lui rendre hommage. Aimer la chair revient à vouloir refréner ses ardeurs et la placer sous la haute autorité de l'intelligence ; dans la pratique, il fallait non

22. *Œuvres spirituelles de S. Pierre d'Alcántara*, Périsse frères, Paris, 1872, p. 183.

seulement limiter la quantité, mais encore diminuer la qualité des aliments, renoncer aux morceaux de choix et aux mets recherchés. Tout un programme qui, d'une certaine manière, est pour certains plus que jamais à l'ordre du jour. L'abstinence touchait également (évidemment) toute relation sexuelle, dans le but de libérer l'âme de ses attaches terrestres, le fruit de ses mortifications devant revenir aux pauvres et grossir le trésor de la charité; de la sorte, on jeûne à Rome au IVe siècle trois jours par semaine, la quarantaine qui précède la solennité de Pâques et la veille des grandes fêtes liturgiques[23]... Donc, plus le ventre est plein, plus l'esprit s'embourbe. Impossible de s'élever après ripaille. Si vous le dîtes. Moi, je ne parviens plus à penser le ventre vide, ou plutôt, je ne pense qu'à ma faim, qu'à manger. Il en est de la faim comme de la douleur, elle noyaute tout, efface le reste. Et me retrouver face à un plateau de fruits de mer avec un chablis à température élève durablement mon esprit. J'en ai l'âme qui salive. Pas si fréquent. La joie primaire du chien dans une charcuterie l'emporte sur celle de l'ascète. S'il faut être transparent pour s'élever... C'est vouloir ressembler à un ectoplasme plus qu'à un humain digne de ce nom. Mais pourquoi donc Thomas d'Aquin avait-il fait creuser sa table à l'emplacement où il mangeait? Pour y introduire son ventre! Et donc, tout docteur de l'Église qu'il est, dans la logique énoncée, il n'aurait pas dû réussir à s'élever. Le jeûne (imposé, comme avant une opération chirurgicale) me fait tourner de l'œil. Je n'ai tout simplement plus tous « mes esprits », comment donc élever ce qui fait défaut? Mais, rassasié, je vois la vie comme la fête qu'elle devrait toujours

---

23. On peut se référer au volume II des *Problèmes moraux* (1re série : opuscules), *De utilitate jejunii*, bibliothèque augustinienne, Paris, 1937, p. 515-539, note p. 562-563.

être, pas un cortège derrière un cercueil, mais la joie sans comparaison d'Alexandre le bienheureux (qui rend les autres fous, mauvais, d'une agressivité sans nom). Le bonheur des uns rend les autres malades – et ce sont les malades qu'il faut soigner, pas les gens heureux. Ces derniers font d'ailleurs preuve de plus de bienveillance, ils dédaignent les remarques fielleuses, les propos assassins, désobligeants, ne critiquent pas les maigrichons, mais voudraient les inviter à leur table, ne fustigent pas les buveurs d'eau acariâtres, mais voudraient leur faire découvrir la richesse de palais, de longueur en bouche d'un grand gevrey-chambertin. Ne retenons au fond qu'une chose : les adeptes de privations en tout genre, les abstinents de manière générale courent après le paradis perdu ou, pour être plus précis, ce qu'il y avait dans ce paradis : la pureté. Rêve, illusion ? Mais peut-être faut-il se croire impur pour désirer autant une pureté qu'on n'atteint jamais vraiment puisque c'est l'idée qu'on s'en fait qui prévaut. Il y a plus : la pureté entretient un étrange commerce avec la mort autant que la table avec le lit. En réduisant l'être à son essence, la mort purifie tout, mais vouloir à ce point brûler les étapes relève de la névrose, quand l'instinct de vie s'intervertit en nous, se retourne et nous fait désirer de mourir. De devancer l'ordre naturel, de ne plus s'alimenter… Pourtant, les déçus de la vie cherchent, souvent sans le savoir, une volupté commune (et cette recherche est le seul signe de pureté présent dans leur intention) : quand l'agonie ressemble à l'extase, au spasme, à l'orgasme – ce sont d'ailleurs deux « expirations », dont l'une ne s'appelle pas pour rien « petite mort », pour reprendre un mot de Cabanis, approuvé par Joubert. En fait, il ne s'agit rien moins que de chercher un paroxysme, quand l'extrême joie (ou contentement) rejoint l'extrême douleur (reconnaissable à certaines expressions liées à la jouissance, comme

« mourir de plaisir », « mourir d'amour »...). La Fontaine écrit justement : « Mort et volupté ont regardé ici leur visage : ces deux visages étaient un seul visage[24] » – celui du ravissement dont parle sainte Thérèse d'Ávila. Cette quête de l'abîme, de la limite, des profondeurs, est présente jusque dans l'axiome de Goethe (qui renouvelle Dante) : l'éternel féminin nous attire vers les hauteurs par sa profondeur ; et il en est de cette pureté révélée à nos dépens comme de la recherche de ce qui nous sauve en même temps qu'il précipite notre fin. Ne pas aller jusqu'au dégoût, en rien ou alors par principe. La thèse de *La Grande Bouffe*, de Marco Ferreri, est non seulement une critique acerbe de la société de consommation (qui causa un scandale énorme), mais encore la limite que chaque invité, chaque convive choisit de toucher, jusqu'à manger au-delà de la faim pour en mourir, se suicider pour ne plus avoir à supporter d'être insatisfait. Le bon vivant est aux antipodes de ce culte morbide, de cette tension vers une pureté (sublimée ou supposée), il jouit d'être à sa place, connaît ses limites, estime ses capacités, hiérarchise les plaisirs sans jamais cultiver l'outrance. Il sait que l'ivresse n'est pas l'ivrognerie, que la gourmandise n'est pas la gloutonnerie, que l'érotisme n'est pas la pornographie, que le partage l'emporte sur le culte du moi, que le repos n'est pas la paresse, etc. En somme, il se connaît, cultive la mémoire des impressions qui le réconcilie avec le vivant, il ne souffre pas de sa solitude, ni même de l'injonction de ses désirs pour les servir, en temps et en heure, avec autant de pondération que de bienveillance...

Continuez donc, en toute impunité, de manger de la tête de veau en l'arrosant d'un gai vin de Loire, sans vous

24. Jean Guitton, *L'Impur*, Desclée de Brouwer, 1991, p. 56.

soucier du fait que l'on vous regarde, d'un peu trop haut, comme un doux dingue, un de ces fous pressés d'aller au cimetière ; ils abusent, se trompent, extrapolent, envient votre facilité, ignorent la joie que ladite tête vous a communiquée, en venant prier dans votre estomac ! Je ne suis pas assez imbu de moi-même pour prétendre, de quelque manière que ce soit, qu'on me prenne en exemple, mais qu'on ne juge pas ma façon de vivre ! Je ne suis pas un modèle, pas pour un sou, pas un exemple à suivre, pas un « pur » ni son serviteur, mais je voudrais que ma joie de vivre fût, plus simplement, *communicative.* Un beau projet, non ? Une louable intention…

IV

Manger est un acte qui, certes, relève des besoins naturels, mais il est aussi culturel et social. En la matière, nous sommes donc tous conditionnés par une éducation, un milieu, mais encore des modes. Peter Farb et George Armelagos, déjà cités, ont étudié, dans le détail, de nombreux aspects de l'*Anthropologie des coutumes alimentaires.* Dans la copieuse conclusion de leur étude, ils précisent : « De plus en plus de personnes s'inquiètent de la présence de produits chimiques dans leurs aliments, et ne manquent pas d'étudier avec soin les étiquettes, à la recherche d'une nourriture "naturelle". Il est peu probable qu'ils achèteraient une denrée dont le contenu serait présenté de cette façon : eau, triglycérides d'acides stéariques, oléiques et linoléiques, myocine et actine, glycogène, collagène, lécithine, cholestérol, phosphaominolipides, myoglobine, urée. Ce produit peut également contenir des hormones stéroïdes. Cette denrée est pourtant consommée en très grandes quantités en Amérique du Nord, sauf par les végétariens, c'est le bifteck. Et comparé à la plupart des aliments les plus courants, il est d'une composition plutôt simple. Le lait, pour prendre un autre exemple, comporte environ une centaine d'éléments chimiques, en dernier ressort, dont un bon nombre est souvent toxique, comme on va le voir en examinant le menu de ce repas bien équilibré et alléchant, qui aurait certainement l'approbation de la plupart des nutritionnistes :

Saumon fumé
Jambon
Haricots de Lima, chou-fleur
Salade de laitue avec radis et carottes
Compote de fraises,
pêches et poires
Café

S'il fallait juger de ce repas en fonction des lois actuelles sur la sécurité et le conditionnement des aliments, tous les articles se verraient interdits, à cause d'éventuels dangers pour la santé. Le saumon fumé, pour commencer, contient de petites quantités d'hydrocarbones polynucléaires aromatiques ; leur rôle cancérigène a été mis en évidence dans ces régions du nord de l'Europe où l'on consomme beaucoup d'aliments fumés, et où le cancer de l'estomac est nettement plus fréquent qu'ailleurs. Le jambon serait bien entendu éliminé à cause des nitrites. Les haricots contiennent des glycosides qui, en se décomposant lors de la digestion, donnent un poison, le cyanure d'hydrogène. La salade devrait également être rejetée, les nitrates qui se trouvent dans la laitue et dans les radis se transforment en nitrite dans le système digestif, et parce que les carottes contiennent de la caroxitine, un poison pour le système nerveux, et de la myristicine, un hallucinogène. La compote n'échapperait pas davantage aux foudres des lois actuelles contre les produits chimiques dangereux, les trois fruits dont elle est composée contribuant à la formation de goitres. Les fraises contiennent aussi de la coumarine, qui leur donne leur délicieux arôme, mais qui est aussi un anticoagulant, et peut donc être à l'origine d'un saignement incontrôlable, de ceux qui transforment une plaie bénigne en affaire grave. Le café, pour terminer, devrait être également disqualifié, car outre la caféine, il contient des oxalates, une drogue créatrice de dépendances pouvant être à l'origine de tares congénitales[1]. » Comment ne pas frissonner d'horreur, d'autant que ces substances dangereuses sont aujourd'hui ingérées quotidiennement et toute une vie durant ! On ne peut décidément plus faire confiance à personne : pas plus aux politiciens qu'aux producteurs de légumes ! Les spécialistes de l'étude citée posent des questions pour le moins judicieuses : d'ordre politique, savoir si, devant les ravages de la faim, nous sommes prêts à accepter une technologie qui nous fait courir certains risques (c'est toute l'affaire des OGM !) ; d'ordre économique, pour répondre au désir toujours plus croissant de disposer d'un régime alimentaire varié, et ce toute l'année, il faut traiter chimiquement, emballer spécifiquement, congeler pour transporter et pouvoir conserver, séduire le consommateur en colorant artificiellement les aliments ; ils tirent comme conclusion que « nous mangerons de la même manière que nous nous comportons en tant que société ». L'aspect à la fois politique et économique induit en quelque sorte toute approche nutritionnelle, au sein d'un monde globalisé, toute conception de l'équilibre alimentaire, voire de la diététique. En l'état actuel, même nos régimes sont en somme conditionnés par des choix politiques et économiques planétaires : on croit pouvoir manger des huîtres en toute sécurité, il n'en est rien, on mange un produit « sur mesure » – on désire l'acheter

1. Peter Farb, George Armelagos, *op. cit.*, p. 248-250.

parce que tout est fait pour qu'on le voie et que l'on en ait envie ; *idem* pour les viandes, les poissons, les fruits et légumes. Impossible d'échapper au besoin (factice) de variété autant qu'au désir de manger sain, « bio » – lui aussi totalement fabriqué.

Les cuisiniers ont tout à fait conscience d'être aussi, quelque part, des chimistes, des apprentis sorciers – d'où leur obsession légitime du produit « ultrafrais », de la traçabilité, de la sacro-sainte nécessité de ne pas rompre la chaîne du froid, etc. Mais nous ? Amateurs de base, gourmets, gourmands, gastronomes, voulons-nous entendre des arguments d'ordre chimique avant de passer à table ? Nous préférons qu'ils soient passés sous silence. On nous ment, ou plutôt on nous ménage… et la confiance prévaut (parce que nous sommes consentants).

Il en est des coutumes alimentaires comme des usages de civilité, de la morale ou de la langue française. Les codes (pour ne pas dire les principes, les structures qui les gouvernent) ne sont pas figés, ils bougent, évoluent, révèlent une adaptabilité propice. Et ce serait bien mal aimer le français que de se crisper sur son vocabulaire ou les lois de sa grammaire qui ne cesse de s'enrichir à force d'influences, d'allers-retours culturels… Les manières de table, elles aussi, changent ; il n'empêche que le rythme qu'elles mettent en pratique correspond moins à un rituel vide de sens qu'à l'art de satisfaire, ou peu s'en faut, ses rythmes biologiques en même temps que de fédérer la cellule familiale. Manger ensemble, ce n'est pas manquer de respect envers les « habitudes » de chacun, c'est mettre en commun les différences de nos désirs, de nos modes de vie, et ce qu'il y a dans le frigo. Partager un repas permet non seulement de ne plus avoir faim en même temps que les autres, mais de remercier celui ou celle qui a préparé les plats et de répondre aux lois du groupe… Durant les dernières décennies, surtout celles qui suivirent Mai 68, les psychologues et autres observateurs pouvaient s'inquiéter de la désaffection de ce rituel, qualifié par ses détracteurs (un peu hâtivement) de pratique bourgeoise. Mais que dire alors du casse-croûte du matin dans le monde paysan ? Contre toute attente, et non sans aménagements, le repas revient en force : une des bonnes raisons avancée serait qu'il permet de « structurer » les enfants, grâce à ces heures fixes, et pas seulement les enfants… Peut-être. La meilleure des raisons est encore d'en finir avec les conséquences du « chacun pour soi » : d'abord parce que l'intendance ne suit plus ! La malbouffe semble perdre du terrain, pourquoi ? Pas uniquement parce que c'est « mauvais » – il en faut plus pour couper l'appétit. Les nutritionnistes ont gagné quelques batailles : sur l'importance des rythmes alimentaires notamment, celle de l'équilibre diététique, de la variété, du « tout est bon, mais pas n'importe quand », des produits frais… Leur rengaine, fortement médiatisée, a fait son chemin dans la cuisine et dans nos assiettes. Certes, les Français mangent toujours plus de plats cuisinés tout faits (surgelés ou pas), par flemme (on dit par « facilité »), mais sont conscients que ces mets sont plus gras que ce qu'ils feraient eux-mêmes cuire (s'ils en avaient le temps ou l'envie), et surtout, les plats en question sont de plus en plus fréquemment préparés par des « chefs » ou, en tout cas, par de fines gueules (reprocher à Coffe son combat à Carrefour relève de la faute professionnelle, autant faire confiance à des connaisseurs).

Être ce qu'on mange est plus que jamais à l'ordre du jour, non sans relever certaines questions troubles : la France marque son attachement pour les régions, le Nord engraisse plus vide que le Sud, les Ch'tis s'empâtent plus vite que les Niçois. Pas seulement, les pauvres – ou en langage politiquement correct les « couches modestes de la population » – mangent moins équilibré que les riches. Un vrai scoop ! Étonnant qu'ils préfèrent les frites aux morilles, le rôti de porc au filet de bœuf en croûte ! Le Périgord s'en sort en cultivant le paradoxe d'une cuisine « riche » qui ne tue pas à proportion ses adeptes, moins de maladies cardiovasculaires pour cause de confits et foie gras ! Avouons qu'une France où tout le monde se tiendrait à un strict régime crétois (ou japonais) perdrait de son intérêt comme de sa chaleur. Une fois pris en compte l'argument du « milieu » socio-économique, reconnaissons que le Français – même moyen – a plus de choix aujourd'hui qu'hier : les produits frais font, certes, maigrir son portefeuille, (demandez à une ménagère ce qu'elle pense du prix des fruits…), l'avantage de la mondialisation est le peu de risque de pénurie (malgré le coût des transports, le drame de certaines exportations qui affament ceux qui les produisent – comme la perche du Nil ou les haricots plats, grands consommateurs d'eau au détriment de ceux qui la leur donnent) et ce qui était hors de prix il y a quelques années est à la portée de « presque » toutes les bourses, des huîtres aux tomates cerises, du jambon au pain. Les affamés ne courent pas les rues, parce qu'ils ont honte, mais ils sont toujours trop nombreux et la quantité de repas gratuits distribués ne cesse d'augmenter… Nous aimerions tous que les Restos du Cœur ferment, ce serait bon signe : personne n'aurait plus besoin d'eux. Oui, mais nous n'en sommes pas encore là, hélas, et l'art de vivre que nous célébrons ici reprend ses droits : si malgré les infos données ci-dessus sur le saumon fumé vous persistez à vouloir en manger, au moins pourrez-vous, selon vos moyens, vous en procurer du « bas de gamme », des chutes – mangeables ou à peu près, bien qu'on se demande si ce n'est pas meilleur vomi – ou du *nec plus ultra* chez Petrossian. Cela est valable pour tout, le champagne (sans nom ou Pommery, Krug…), les fraises (de Plougastel ou d'Espagne, du Maroc), le homard (breton ou cubain), le fromage industriel ou fermier, sans parler de nos amies les vaches : je m'amusais l'autre soir, dans un restaurant de Strasbourg, de voir que la viande bovine provenait de la « Communauté européenne », sans plus de précision : carne hongroise ou génisse polonaise ? J'aurais voulu qu'elle vînt de Salers et connaître son prénom. C'était trop demander, du coup, j'ai mangé une saucisse du coin (à tomber) avec une choucroute aérienne. Consommateur, mon frère, c'est à toi de choisir : label rouge, traçabilité sans pointillé, origine attestée ou le tout-venant. Faute de mieux, tente d'échapper au pire, aux bas-fonds, à cette prune dure comme un caillou, privée de soleil, d'amour, à ce pâté dont mon chien ne voudrait pas, à cette pâtisserie douteuse, trop volumineuse pour être honnête, à ces sardines à l'œil sénatorial, éteint, sinistre. Apprends simplement à tâter le merlan : il doit être ferme comme une jeune poitrine ; sers-toi de tous tes sens, renifle sans vergogne, goûte, questionne, engueule, écoute l'asperge crisser, se rompre, regarde le velouté de cette pêche de vigne sauvage, à transporter Cézanne en personne. Les sens ! Si vous les exploitez, ils vous rendront heureux, bêtement heureux comme disent les imbéciles qui ne savent pas la différence entre du gîte et de la macreuse, pas plus qu'ils ne voient la beauté naturelle de votre voisine irradier ou pourquoi ce vin est un grand cru classé. Éducation du goût ! Sans relâche, avec passion, patience, ténacité. Éducation des plaisirs, joie d'en parler, de les partager avec la meilleure des compagnies. Joie de se mettre aux fourneaux *pour les autres*, pour échapper à la tambouille solitaire ; pas un seul grand chef qui ne cuisine d'abord pour les autres et par plaisir, qui redoute plus d'avoir déçu que la fermeture !

Mais tout cela n'est rendu possible qu'à la condition de prendre, un minimum, son temps, d'avoir une perception, une économie du temps fondée sur la générosité. *Carpe diem* : banal disent les renfrognés, pas vraiment. Jouis du temps présent… L'occasion nous est alors offerte de redonner aux repas, à tous les repas, leur place, leur rôle, leur poésie : petit déjeuner, non plus sur le pouce, mais ensemble, chacun impatient de tartiner pour l'autre ! Déjeuner sans précipitation, sieste (même allusive – grivoise ou pas), collation, dîner, souper – chacun selon ses moyens, ses libertés – ses choix. Avec ou sans chandelles, avec ou sans aphrodisiaques. Les agités, les pressés, qu'ils vieillissent seuls. Les amateurs, les vrais, rien ne les angoisse, sinon la faute de goût, la cuisson ratée, le vin sans velours, la conversation mortelle. La télé vous ennuie, instituez des rituels, des agapes, des salons ; vous préférez les débats aux textos, tout n'est pas perdu. Vous finirez par ressembler à la langue française – qui bouge comme une fille de ferme en balade – et pas à une langue morte.

Le repas du dimanche avec les grands-parents est boudé, quel dommage – au moins pouvait-on s'y énerver, régler ses comptes, laver son linge sale en famille plutôt que le laisser s'empiler dans des paniers malodorants. On y dégustait des mets à l'ancienne dont le souvenir fait encore saliver, des années plus tard ; allez fouiller dans les armoires, dans les papiers de famille, il y aura toujours un livre de recettes « secrètes », la tarte aux quetsches de grand-mère, le sabayon de tante Augusta, le tagine agneau pruneaux de Mohammed, la gelée de coing de la cousine Berthe… Trésors de famille. Rien de plus idiot que de rêver de madeleines à la Proust et de ne plus jamais en manger. La nostalgie est le plaisir des médiocres, des ratés. Vous craignez de planter vos premiers essais, rien de plus normal ; la cuisine c'est comme l'amour, les débuts sont difficiles, mais après quelques plantages, l'inventivité dépasse la technique, les « bases »...

Le cahier de recettes manuscrites de ma grand-mère a pour moi plus de valeur, d'importance qu'une lettre de la main de Napoléon. Son lapin chasseur était une ode digne de Hugo, d'autant que mon grand-père nourrissait la bête d'aromates, pour parfumer la viande en amont ! Je me souviens des pot-au-feu, des biches aux airelles, du sanglier, du vacherin de mes grands-parents. Les enfants n'avaient pas (encore) droit à la parole (il est vrai que ce qu'ils ont à dire est essentiel, passionnant !), mais bon-papa plaçait nos verres en rang d'oignons et les remplissait de vin en fonction de nos âges (voilà pourquoi j'étais pressée de grandir). Après le repas, nous pouvions tremper un sucre dans le café, privilège qui valait bien des préséances. Bien que les repas de fête aient perdu nombre de leurs charmes, parce qu'on trouve des huîtres toute l'année, qu'on mange des bûches début décembre et des galettes avant Noël, ils demeurent ces axes autour desquels tourne cet esprit de famille qui en fait rire certains et qui ne s'applique pas qu'à la fratrie, mais aussi aux amis, aux proches... Quant aux fameux lendemains de fête, dont même Jim Morrison fit une chanson, au moins avaient-ils l'avantage de nous faire comprendre que le reste de l'année risquait d'être sans relief, un peu morne sans ces jours d'exception. Stendhal, qui collectionnait les moments de bonheur et les fiascos sentimentaux, n'aurait pas désavoué ces fêtes où le délice d'être vivant n'est pas qu'une impression.

V

Le bon vivant est un optimiste né, il est même de ceux qui pensent, avec la liberté qui le caractérise, que les pessimistes ne meurent jamais assez tôt. Sa confiance et sa joie de vivre ne l'empêchent nullement d'opter pour une vie « saine », en tout cas selon son échelle de valeur. Pas de rigorisme à tous crins, une libre disposition des plaisirs. Il aime le sport parce qu'il fédère, permet de mieux connaître ses limites et d'éliminer une partie de ce qui, à terme, risquerait d'encrasser ses artères et donc sa bonne humeur; son goût pour la randonnée s'accommode plus aisément d'une rasade de gniole que d'une gourde d'eau claire. S'il pratique le vélo tout-terrain, c'est aussi pour rejoindre avec des amis de longue date cette petite auberge qui mitonne des plats sans chichis, mais goûteux à souhait. En somme, il est aussi bien en accord, en harmonie avec lui-même qu'avec les autres et la nature. Quand il trie ses lentilles, il oublie les cailloux en pensant à la saucisse de Morteau qui patiente dans le frigo. Et surtout, il garde vaille que vaille cet esprit positif qui sait avec maestria retourner le pire en possibilité d'en tirer un profit, un avantage, un mieux. Raisonnablement écolo, il se méfie en revanche des Savonarole des temps modernes qui prêchent un catastrophisme de rigueur, aux antipodes de son enthousiasme primaire. Ces jolis messieurs ne manquent pas d'arguments, mais ne savent pas vivre; ils passent le plus clair de leur temps à alimenter la peur ambiante, à brandir l'horreur qui nous attend au coin du bois comme un satyre guettant une donzelle. Le vrai drame, voulez-vous que je vous dise, c'est que les truffes soient si chères, qu'on ne puisse que regarder passer les palombes sans les plomber en vue de les faire revenir à l'étouffée, que les produits des terroirs, les authentiques, ne soient pas disponibles à la superette d'à côté. Le drame, c'est ce manque de légèreté, de pétillant, toute cette eau saumâtre qu'on nous sert alors que le champagne, si l'on en croit Voltaire, est « le seul vin civilisateur »... Que gagnent ces messieurs à nous terrifier? Plus qu'une bonne conscience. Pourquoi nous bassiner avec le tri sélectif qui engraisse d'abord ceux qui recyclent. On se casse à mettre de côté piles, ampoules, cartons, boîtes de conserve, carcasses de pigeon, fanes de radis (quand on n'a pas le loisir d'en faire de la soupe) pour qu'un industriel puisse partir manger des langoustes au Costa Rica, s'acheter une Porsche et un appartement avec terrasse.

En novembre 2009, souvenez-vous, une partie de la collecte sélective n'a plus été assurée dans l'agglomération de Marseille et certains emballages ménagers destinés à être recyclés étaient tout bonnement acheminés à la décharge publique, pour la plus grande joie des mouettes. À quoi bon trier, se demande le citoyen moyen puisque les couacs en ce domaine se multiplient et qu'on finit par avoir plus que l'impression qu'on se fout de notre bobine? Le 20 octobre 2009, *Le Parisien* révélait que, depuis deux ans, les journaux triés dans le métro finissaient dans la benne à ordures, comme le reste. Problème de stockage, estime la RATP qui déplore que 10 000 tonnes de déchets doivent être évacuées des quais et autres couloirs.

D'ailleurs, comment les gens arrivent-ils à suivre les consignes du tri, déjà très compliquées, s'il ne fonctionne pas ? Un doute s'installe… avec raison. D'après Sébastien Lapeyre, directeur du Centre national d'information indépendante sur les déchets (Cniid) : « À Paris, on estime que 25 à 30 % seulement des déchets recyclables sont mal triés au départ. Le contenu des poubelles est du coup refusé au centre de tri et incinéré[1]. » Bénéfice zéro. Quant aux téléphones et ordinateurs rapportés au magasin : « Des quantités importantes de composants électriques et électroniques sont exportées en Asie, sans que l'on sache vraiment comment ils sont retraités. […] Le marché des déchets est très lucratif, au point que certains opérateurs sont prêts à répondre à des appels d'offres sans même avoir prévu les moyens de traiter correctement les déchets. L'an dernier, on a appris qu'Éco-Emballages, l'organisme chargé d'organiser la collecte d'emballages (toujours plus nombreux et volumineux), avait placé plusieurs dizaines de millions d'euros dans des paradis fiscaux alors que cet argent public est destiné aux collectivités pour les aider au recyclage. Une dérive inquiétante[2]. »

Les fondamentalistes, les pros de la santé vantent les bienfaits de ce nouveau mode de vie au point d'en faire quasiment une nouvelle religion, un avatar du New Age sauce à part, mais qu'en est-il de ces produits labellisés, estampillés, ultra-surveillés, que l'on couvre de superlatifs, de formules redondantes centrées sur l'exploitation du mot « nature » pour nous allécher ? « Le vin bio et biodynamique… fait en cosmo culture. » Les œufs bios… bel exemple d'achats sans fondement puisque de nombreuses

1. *Le Parisien*, 28 novembre 2008.
2. *Ibid.*

analyses scientifiques prouvent qu'il n'existe aucune différence, d'aucune sorte, d'aucune nature entre un œuf sorti d'un cul de poule qui gambade dans le pré, mange de l'herbe et du gravier et la pauvre bête qui pond dans la promiscuité d'autres gallinacés au bord de la dépression nerveuse, en batterie. Arnaque? Même pas: commerce, profit, bourrage de crâne. Mais j'avoue que le « tout bio » a tendance non seulement à me faire sourire, mais encore à m'agacer. Je veux que les carottes aient du goût, et les fraises et les cerises et les poireaux, mais de là à les payer trois fois le prix, à devoir les brosser de leur terre résiduelle, à faire une confiance aveugle au producteur béat qui les vend comme une exception, une pièce unique digne d'un joaillier... Qu'on fasse la guerre aux pesticides, j'applaudis (surtout en pensant aux agriculteurs dévorés par le cancer), qu'on me permette de manger du beurre de baratte, j'en pleure presque, mais qu'on me vante, avec des trémolos dans la voix, les vertus des yaourts au lait de soja (une horreur), de graines dont je croyais jusque-là, bêtement, qu'elles étaient réservées aux oiseaux, qu'on m'empêche d'arroser mes plates-bandes parce que les nappes phréatiques seraient à sec, qu'on m'interdise de manger un ananas qui a traversé la moitié du monde pour venir s'épanouir dans mon assiette à dessert! Et je ne parle pas des défenseurs de canards et d'oies qui « souffriraient » d'être gavés. Bio, je veux bien, mais sans être le dindon d'une farce marketing. Le vert est devenu *la* couleur qui fait vendre, tout vendre; la couleur incontournable. Plus la peine d'aller se mettre au vert, il suffit d'aller au supermarché, rayon frais, rayon AB. Le bon vivant sourit de ces modes, se méfie; les jours de battement, il lui arrive même de consulter un guide des labels de produits qui respectent l'environnement, mais les labels se ressemblent et il est quasi impossible de faire la part des choses parmi tous les produits bios (sans parler de ceux qui concernent la beauté, dont il est avéré qu'ils sont d'une inefficacité absolue). Dès la naissance d'un enfant, achetez bio : il existe des gammes de produits pour bébés : des couches bios, recyclables, lavables, des cosmétiques, une alimentation naturelle, des gammes de produits sains, des jouets oubliés qui reviennent en force : un cheval bâton, une épée de chevalier, une dînette, des kits pour fabriquer ses bijoux à la maison, des jeux de société qui privilégient chaque fois le bois et les matériaux idéalement recyclables.

Fin juillet 2009, la publication d'une étude anglaise, éditée par l'*American Journal of Clinical Nutrition*, remettait en cause les bénéfices nutritionnels du bio. Les aliments *green* sont-ils meilleurs pour la santé ? Rien n'est moins sûr. Dans cette étude, Alan Dangour, chercheur à la London School of Hygiene and Tropical Medicine et coauteur du rapport, explique : « Sur la base d'une critique systématique des études de qualité suffisantes publiées, il n'y a aucune preuve d'une différence de qualité nutritionnelle entre les produits cultivés de manière biologique et ceux issus de l'agriculture conventionnelle[3]. » Commandée par la FSA (Food Standard Agency), l'équivalent au Royaume-Uni de l'Afssa (Agence française de sécurité sanitaire des aliments), le texte a poussé les autorités sanitaires britanniques à déclarer (par la voix de Gill Fine, directeur des choix des consommateurs et de la santé nutritionnelle de la PSA) que « choisir des aliments bios ou conventionnels n'a aucune importance en termes de santé ». Serait-ce la fin d'un dogme avant celle d'une lubie, d'une mode ? Les consommateurs bios, persuadés à 96 % que leurs produits fétiches sont meilleurs pour la santé, se tromperaient-ils ? Ou seraient-ils trompés ? L'Afssa

3. *Elle*, 21 août 2009.

confirme d'ailleurs le rapport : « À l'époque, nous avions procédé à l'analyse de 162 études internationales portant sur les valeurs nutritionnelles d'aliments issus de l'agriculture biologique et de leurs équivalents issus de l'agriculture classique. L'ensemble des données examinées a montré peu de différences significatives entre la composition chimique des matières premières. Dans l'état actuel des connaissances, ces écarts, lorsqu'ils existent, semblent trop faibles pour avoir un effet sur la santé d'un consommateur[4]. » Un avis partagé par certains spécialistes qui dénoncent le terrorisme vert. Selon le nutritionniste Jean-Michel Cohen (auteur à succès justifiés) : « Toutes les études récentes ont montré qu'il n'y avait pas de différence notoire entre le bio et le non-bio en termes de vitamines et de minéraux. Mais nous vivons une ère du biologiquement correct, encouragée par le secteur marchand et le monde politique[5]. »

Pour d'autres, ce débat est faussé d'emblée. Directeur de recherches à l'Inserm, Denis Lairon qualifie ce tollé de « tempête dans un verre d'eau ». Selon lui, la méthodologie du rapport commandé par la PSA souffre de graves faiblesses : « Ils ont choisi d'exclure de leur champ d'analyse de nombreuses études sur des critères tellement drastiques qu'ils en deviennent ridicules. [...] S'il est vrai qu'il n'y a pas de différences colossales, il y a une tendance à avoir plus de nutriments dans les aliments bio[6] [...]. » Retour à la case départ. Au fond, cela n'a guère d'importance, il suffit de faire confiance à son goût, à sa vue, à ses fournisseurs, sans sombrer dans le délire de Raymond Roussel qui faisait chaque jour chercher, en Rolls s'il vous

4. *Ibid.*
5. *Ibid.*
6. *Ibid.*

plaît, du lait et de la crème en Suisse (pourquoi pas en Normandie ?), et des fruits rouges sur la Côte d'Azur, en saison… J'ose à peine imaginer la quantité de CO_2 que devait rejeter une Rolls dans les années 1930 !

Sans doute avons-nous tous en nous… quelque chose de Tennessy et de bio. La raison en est simple, le terme n'englobe pas seulement des labels, mais un état d'esprit, sauf que ce qu'un Parisien sédentaire appelle « bio » n'est pas ce que comprend un habitant des Landes ou du Bordelais (pour ne citer qu'eux), sûrs et convaincus d'être bios et écolos parce que chasseurs, bouse aux talons des bottes, et je ne parle pas des Nîmois pour qui la corrida aussi est, quelque part, tout ce qu'il y a de plus écologique puisque c'est naturel et culturel. Mais ne parlez pas de camembert bio à un Normand ! Le fait est qu'il y a contradiction dans les termes. Et pourtant, vive le lait cru, les fromages à caractère qui, n'en déplaise aux Américains, appartiennent « naturellement » à la catégorie des plaisirs du palais et à celle des produits bienfaisants (presque un médicament) – sans ces bactéries joviales nous serions encore plus abattus !

Le terme « nature » finit par être délaissé au seul profit du terme « bio » qui, par voie de conséquence, ne signifie plus grand-chose. À l'origine, l'écologie est la science ayant pour objet les relations des êtres vivants (animaux, végétaux, micro-organismes) avec leur environnement, ainsi qu'avec les autres êtres vivants. Malgré une confusion extrêmement fréquente dans les médias français, elle ne doit en aucun cas être confondue avec l'écologisme, qui est un courant de pensée, faute de quoi l'on s'expose à de dangereuses dérives. Nous sommes tous « écologistes », comme nous étions marxistes ou Dieu sait quoi.

Ces deux philosophies plongent leurs racines dans des terreaux bien différents : la première s'appuie sur le romantisme allemand de Fichte, Nietzsche, Heidegger et remet en question l'anthropomorphisme occidental ; la seconde s'appuie sur le droit de l'homme à un environnement naturel de qualité, dans l'esprit de l'industrialisme, de Descartes pour qui l'homme est « maître et possesseur de la nature », de Marx pour qui la vocation de l'homme est de la transformer (à son avantage). « Le droit de l'homme à un environnement naturel de qualité n'est pas le droit de la nature à être respectée par l'homme[7]. » Troublant, non ? À l'inverse, l'écologie fondamentaliste ou « deep ecology » se refuse à toute concession : l'homme n'est pas au centre du monde, ni supérieur aux autres espèces. Rousseau écrivait déjà : « L'homme qui médite est un animal dépravé. » Le philosophe reconnaissait cette particularité à l'homme : il est perfectible et dépasse la nature. Le progrès, fondement de l'idée républicaine, est devenu l'objet du débat : depuis que les verts se sont imposés au PS, deux camps s'affrontent : les pro et les anti-progrès. Les fondamentalistes – et leur militantisme catastrophique – font parfois penser aux thèses naturistes des sectes New Age : culte du soleil, de la lune, des forces telluriques… Avec eux, l'irrationnel prend le pouvoir, le risque se profile de dérives réactionnaires et totalitaires. « Désormais, précise Jacques Julliard, l'affrontement entre le donné – la nature – et le construit – la culture – est au centre du débat intellectuel et social. […] Oui, donc, à l'écologie rationnelle, oui à un nouveau pacte entre l'homme, la nature et l'animal [Michel Serres parle de *contrat naturel*] ; non à la réintroduction en

7. Pour reprendre les termes d'un article lumineux de clarté de Jacques Julliard, paru dans *Le Nouvel Observateur*, 3-9 décembre 2009, p. 44.

contrebande d'une philosophie irrationaliste, anti-industrialiste, réactionnaire, à relents fascistes. » Comment ne pas souscrire à cette analyse qui distingue sans ambiguïté « l'écologie qui s'efforce de concilier la sauvegarde de la nature avec le progrès et celle qui constitue un véritable tête-à-queue par rapport à l'humanisme occidental classique[8] » ?

Nous, en France, nous avons une chance incroyable, nous avons Nicolas Hulot et Yann Arthus-Bertrand ! Ils parlent si bien, ils sont si convaincants, qu'ils nous flanquent à tous les coups une chair de poule paléolithique. On croyait l'Inquisition disparue, il n'en était rien, une nouvelle espèce de frères prêcheurs fit son apparition vers la fin du XXe siècle. Prédicateurs de l'Apocalypse imminente, culpabilisateurs moralisateurs, ils nous rebattent les oreilles avec le spectre du réchauffement de la planète, des catastrophes écologiques irréversibles et autres épouvantails à vous donner l'envie de vous ouvrir les veines et de flinguer vos salauds de parents qui ont fichu cette planète en l'air, en gaspillant l'énergie, avec une insouciance meurtrière. À propos de ses voyages autour du globe, le petit Nicolas déclare : « Regardez autour de vous : les sécheresses, les inondations… les gens savent, mais ils ne veulent pas y croire. Ce déni collectif est insupportable. Je suis énervé parce que je suis passionné. J'en ai marre du cynisme, de l'égoïsme, du scepticisme. […] L'être humain et ses animaux domestiques constituent aujourd'hui 98 % de la biomasse des vertébrés sur terre. Les 2 % restants, ce sont les antilopes, les éléphants, etc. Autant dire que l'homme a colonisé la planète. Et il est malheureusement en train de bouffer la terre[9]. » Après *Home*, YAB remet le

8. *Le Nouvel Observateur*, 3-9 décembre 2009.
9. *Le Parisien*, 6 décembre 2009, propos recueillis par Frédéric Mouchon.

couvert avec *Vu du ciel, la fin du pétrole*, un documentaire diffusé sur France 3, le 24 novembre 2009. Gentil photographe à la voix suave, le défenseur des énergies nouvelles survole le monde en hélico. L'or noir est partout, explique-t-il. Il sert à faire nos médicaments, nos vêtements, nos routes, nos maisons, les objets en plastique, portables, ordinateurs... tout. Le pétrole est aussi à la base de notre nourriture, bref, impossible de s'en passer. En deux cents ans, nous aurions brûlé la moitié de nos réserves. Big Brother l'affirme : il resterait entre dix à quarante ans de réserves pour les 7 milliards d'habitants de la planète. Après cela, il n'est pas toujours facile de demeurer confiant, tonique et positif !

Il nous brosse un tableau effrayant de la Chine, premier émetteur de CO_2, de Pékin engorgé de voitures, des États-Unis, en particulier de Las Vegas où il interviewe des joueurs de casino qui se foutent royalement du pétrole et du réchauffement – on les comprend, ils sont là pour s'en mettre plein la vue, plein les fouilles, pour consommer quatre fois plus d'eau qu'un Européen et tout cela en plein désert ! Rien sur l'URSS, ni sur l'Inde. Un oubli sans doute. Le patron de Total, M. de Margerie (qui a, lui aussi, de bien jolies bacchantes) se montre optimiste. Décidément, c'est un mot à la mode. Normal, l'énergie, le pétrole, c'est son gagne-pain. Il ne va pas vous dire de faire des stocks parce que ses réserves s'épuisent à vue d'œil !

Les solutions énergétiques ne manquent pas et toutes ne sont pas des parades. L'important est, certes, de ne pas gaspiller, nous en avons déjà parlé – c'est un état d'esprit. L'important est d'être responsable, sans pour autant se rouler dans la cendre. Continuer, peut-être, à regarder le bois, les fleuves, le vent, les algues, mais en voulant aussi y voir des sources d'énergies alternatives. Sans oublier la géothermie, la biomasse, les voitures électriques et hybrides, le tramway – à condition qu'il se nomme « désir ». Plus excitant qu'« alternatif ».

Mais de grâce, arrêtons là les peurs moyenâgeuses à la Nostradamus et ceux qui parlent de « crime contre l'humanité » ou lancent en hurlant: « On le payera cher! »; « Réveillez-vous! »; « Partagez vos ressources! »; « Dans dix ans, si nous ne faisons rien, la calotte glaciaire aura fondu, il y aura des milliers de réfugiés », plus de côte atlantique, fini Ré et Noirmoutier, adieu les plages et j'en passe. Le niveau de la mer s'élèverait de 40 cm; 30 millions de réfugiés climatiques qui vivent le long de côtes menacées d'inondations seraient obligés de partir, s'ils en ont le temps. On nous montre des images réellement terrifiantes: le lac Tchad sans eau, les inondations au Bangladesh, les sommets des massifs à sec, la fin des glaciers, les icebergs qui se fendent comme une bûche sous la hache... La température moyenne risquerait de dépasser les 2 °C d'augmentation, la mécanique serait inexorable. Mais la seule chose qui soit certaine, c'est la mort – et les taxes!

Claude Allègre pense que « l'écologie des verts, c'est la philosophie du déclin ». L'ancien ministre au ban du PS dénonce l'écologie en tant qu'idéologie et business. Il est un des rares (mais pas le seul et loin s'en faut) à contester le réchauffement climatique: « Les prédictions sont remises en question, on débusque les exagérations, d'où un début de scission parmi les climatologues. [...] Pour certains, les modèles sont déficients, le climat pourrait se refroidir [...] la prédication du climat à long terme est hors champ de la science. [...] Faire croire sur la foi de vaticinations à un siècle de distance qu'il suffit de réduire les émissions de gaz carbonique pour résorber le problème, c'est non seulement scandaleux, mais criminel. Ces gens ne sont scientifiquement pas sérieux. Ils ont réussi à tirer beaucoup d'argent pour des recherches qui ne servent qu'à faire tourner leurs modèles d'ordinateurs, sans aucune considération pour l'observation. Il faudrait faire un grand programme spatial… un autre sur l'océan, or, il n'y a plus de grandes missions sur le climat depuis vingt ans. […] Quand les ordinateurs ne comprennent pas la physique, le rôle exact des nuages, du cycle de l'eau, les ordinateurs moulinent dans le vide et c'est tout. Les verts ont mis la décroissance dans leur programme. […] Ils mettront des taxes partout : pour entrer dans Paris, sur l'eau, sur les déchets… des interdits à tout-va, un nouveau totalitarisme : “Je pense pour vous, donc je vous interdis.” […] Les réserves d'énergie sont-elles en voie d'épuisement ? Exact, mais dans un siècle ! Que faire ? 40 % de l'énergie étant dévolus au chauffage des immeubles et des maisons, la solution passera par un peu de photovoltaïque, un peu de géothermie et de l'isolation. […] Fonçons sur la voiture électrique. […] L'intime cheminement des verts, c'est la révolution, l'écologie servant de prétexte et de moyen pour stopper l'industrie et l'agriculture. Ils ne se servent de la science que lorsque cela les arrange. Pour ce qui est des OGM, ils ont pris le strict contre-pied des scientifiques. Les voici maintenant contre les nanotechnologies, contre le nucléaire, le but ultime étant d'arrêter cette société. […] Nous sommes face à une idéologie totalitaire : je sais ce qui est bon pour vous, je vous empêche de prendre votre voiture. Dorénavant, vous marcherez avec des baskets pour moins user la route[10]… » Exécrable philosophie.

Je ne sais plus quoi penser. N'étant ni un scientifique ni un partisan, j'ai envie de faire encore un peu confiance à

10. *Le Figaro Magazine*, 28 novembre 2009.

l'homme, cette créature qui a inventé le vin, les calissons d'Aix, le havane et même la cuisson vapeur. Aucun défaitisme, aucun accablement non plus – l'attitude est trop contre-productive. Aucune envie non plus de me bourrer d'antidépresseurs ou de céder à la tentation de collectionner les lignes de cocaïne – et finir par ne plus savoir qui je suis… Non, je préfère le réel, les soirées sans questions plombantes, sans ordre du jour arrêté, ne rien perdre de mon acuité, mais sans chercher à devenir aveugle.

Une chose encore me chiffonne, c'est l'écologie business. Al Gore en tête, hélas, car il a une tête et une allure à pouvoir passer une bonne soirée avec nous. Mais je ne lui écrirais pas pour lui demander s'il veut se joindre à nous, de crainte qu'il me réponde la même chose qu'à ces inconscients voulant l'inviter à une conférence et qui lui demandent quelles seraient ses conditions : 200 000 euros l'heure, plus trois places en première classe aller-retour Paris-New York ; quel tarif ! Dans son livre *État d'urgence*, l'Américain Michaël Crichton décrit parfaitement le business écologique, avec les jetons de présence dans tous les conseils d'administration. Et Nicolas Hulot ? *Le Canard enchaîné* ne s'est pas gêné pour faire connaître ses émoluments : « 30 000 euros par mois à TF1 (une confortable compensation) et 5,6 % sur les produits Ushuaïa, fonds industriel et chimique qui s'élève à 100 millions d'euros. Sans oublier les royalties sur le 4x4 Renault joliment baptisé Ushuaïa ! (Mais dire tout cela n'est pas convenable quand on se pique de vérité sur un homme aussi sympathique, aussi médiatique, aussi concerné par l'avenir de la planète Terre – autant que par celui de son portefeuille. C'est à peine si l'on peut répéter le slogan de sa marionnette aux Guignols, boosté en CO_2 : "Tous en vélo, moi en hélico.") […] L'urgence c'est l'eau ! […] La France est encore dans la philosophie verte du sauvetage de la planète par le biais du déclin. Le pacte écologique, Sarkozy ne l'a pas lu, sinon, il n'aurait pas signé. C'est une dangereuse foutaise. À Copenhague, certains refuseront de suivre les États-Unis qui finiront par imposer leur point de vue. [...] Nous avons pour président un grand pragmatique[11]. »

Utopie ou réalisme, archaïsme ou grand dessein rénovateur ? L'écologie s'est imposée comme un problème de civilisation et un enjeu politique capital. Dans *Le Nouvel Ordre écologique*[12], Luc Ferry, l'auteur d'*Homo aestheticus*, nous entraîne dans une passionnante exploration des origines philosophiques et historiques de l'écologie. Elle peut être une science indispensable à l'homme, mais dérive parfois vers des idéologies redoutables, qui prônent la pureté de la race. Cette réflexion ne plaide pas contre une éthique de l'environnement, mais pour son alliance avec la démocratie.

« En des temps où les repères éthiques sont plus que jamais flottants et indéterminés, [cette eschatologie politique], laisse poindre la promesse inespérée d'un enracinement enfin objectif et certain d'un nouvel idéal moral : la pureté retrouve ses droits, mais ces derniers ne sont plus fondés sur une croyance religieuse ou "idéologique". Ils se veulent bel et bien "prouvés", "démontrés" par les données les plus incontestables d'une science nouvelle, l'écologie qui, pour être globale, comme l'était la philosophie, n'en est pas moins aussi indiscutable que les sciences positives sur lesquelles elles s'appuient en permanence. [...] N'est-il pas insensé, voire immoral, de poursuivre avec insouciance dans la voie de la déprédation ? [...] Écologie ou barbarie : le siècle prochain risque bien de consacrer ce

11. *Le Figaro Magazine*, 28 novembre 2009.
12. Luc Ferry, *Le Nouvel Ordre écologique*, Grasset, 1992.

slogan. Autant repérer le faux débat qui menace et la vraie question qui nous attend encore[13]... »

Cette attitude, cette prise de position ne sont pas isolées. Dans son roman, *Le Parfum d'Adam*, Jean-Christophe Rufin nous met en garde contre le terrorisme écologique. Médecin, Rufin a choisi le thriller pour déclencher la polémique. Il dénonce une écologie terroriste telle qu'elle se pratique outre-Atlantique. Selon lui, *Le Parfum d'Adam* n'est pas un roman d'anticipation : il décrit une réalité bien concrète. L'histoire ? Juliette, une jeune Française, libère des animaux de laboratoire. Mais, par ce geste militant, elle découvre ce qu'est l'écologie radicale. Pour créer son héroïne, Rufin s'est inspiré du Canadien Paul Watson. Celui-ci s'est d'abord engagé aux côtés de Greenpeace dans les années 1970, mais très vite, il s'est radicalisé et a créé Sea Shepherd, une association écologique très controversée. Son objectif est de lutter contre le massacre des baleines. Pour mener à bien cette action, on éperonne ou on saborde des navires baleiniers illégaux en pleine mer. Bref, on fait justice soi-même. Tout le problème est là : dans cette société où l'on s'érige en juge et en justicier, en ayant pour soi le « droit naturel », mais pas le droit. Bové ne fait rien d'autre quand il fauche des champs de maïs OGM qui ne sont évidemment pas à lui : la propriété privée n'est rien, c'est connu, encore un petit effort, et elle deviendra purement et simplement un « vol » comme dirait Proudhon.

Rufin reconnaît qu'en France, nous avons une conception de l'écologie très réformée, réglementée, idyllique. Mais aux États-Unis, on distingue différents courants : les humanistes qui veulent protéger la planète et les terroristes qui n'ont aucune limite pour parvenir à leurs fins. Ces

13. Luc Ferry, *Le Nouvel Ordre écologique*, *op. cit.*

derniers exercent une écologie radicale telle qu'elle a été pratiquée lors de son apparition, dans les années 1920, à la même époque que l'émergence des théories sur la pureté de la race. Rufin a voulu décrire un monde d'écologistes si amoureux des animaux qu'ils en arrivent à détester les hommes. Ce roman semble aller à contre-courant de ce qu'on peut voir actuellement en tête de gondole de nos librairies : non seulement il dénonce une certaine forme d'écologie, mais il alerte aussi sur ses dangers – puisque le FBI la considère comme la deuxième source de terrorisme mondial !

VI

Les peurs qui nous assaillent engendrent des comportements de plus en plus fondamentalistes, aussi irraisonnés qu'irrationnels. Nous en sommes à nous autocensurer sans nous en rendre compte : la nouvelle religion institutionnelle, c'est l'écologie, en dix commandements :

– tu t'installeras dans une maison HQE (haute qualité environnementale) à panneaux solaires photovoltaïques, avec isolation thermique en chanvre ou en paille. Tu te chaufferas au bois. Tu éteindras tout ce que tu n'utilises pas : lampes, ordinateur, télé (même en veille), tu débrancheras ton chargeur de téléphone, tu baisseras le chauffage quand tu sors, 16 °C suffisent amplement, les pulls corrigent les frissons. Tu opteras pour un ordinateur portable qui consomme peu d'énergie ;

– tu prendras ton vélo par tous les temps. Ta voiture restera au garage. Elle consommera 4/5 litres au 100, pas plus. Tu voyageras en train et en seconde, jamais en avion. Tu circuleras en taxis écolos ;

– tu trieras les déchets avec conviction, tu recycleras le verre, tu n'emploieras du papier qu'avec circonspection et en cas de nécessité, tu n'achèteras que du papier recyclé ; tu rendras tes vieilles machines, les piles, les ampoules, les capsules Nespresso – ce serait mieux de ne plus boire de café. Pour les yaourts, du verre, tu utiliseras, *idem* pour tes shampoings et savons, le plastique est à bannir – comme tous les dérivés d'hydrocarbures. Tu renonceras aux adoucissants, totalement inutiles ;

– tu ne mangeras ni hamburgers, ni pizzas, ni produits importés. Tu opteras pour les soupes, les plats préparés d'avance le week-end, sans graisse d'origine animale, sans viande, type gâteaux de riz. Couvercle obligatoire pour la cuisson. Cuit vapeur en inox. Tu mangeras des produits bios équitables, utiliseras des produits d'entretien Écover, exclusivement. Tu boycotteras le thon rouge et les OGM en prenant garde à déchiffrer les étiquettes qui mentionnent leur présence parfois occulte ;

– tu récupéreras l'eau de pluie. Tu installeras un réducteur de débit sur ta douche, des mousseurs hydroéconomes sur les robinets et un mécanisme à double commande sur ta chasse d'eau. Tu prendras des douches et jamais de bain. Tu boiras l'eau du robinet filtrée ;

– tu laveras ton linge au lavoir ou à la main. Tu apporteras ta vaisselle au bureau ;

– tu mettras des ampoules basse tension et seulement là où c'est absolument nécessaire d'y voir. Tu n'utiliseras plus d'aérosols ;

– tu ne tueras plus un insecte, pas même un moustique, tu composteras tes déchets organiques ;

– tu porteras des matières naturelles, coton, soie, lin, laine bio de préférence, vintage ;

– tu feras moins d'enfants pour sauver la planète. Le mieux serait même de ne plus en faire…

Exagéré ? Pas vraiment…

Sébastien Le Fol a imaginé : « Une journée sobre et heureuse… » :

« Saint Nicolas Hulot l'a dit: afin d'expier nos péchés consuméristes et sauver la planète, mettons en pratique son programme de "sobriété heureuse". D'ailleurs, pourquoi ne pas s'y atteler dès lundi ? Si le cœur vous en dit, voici une ébauche du festival *3 heures*. Réveil pour ceux qui habitent un peu loin de leur lieu de travail et ne sont malheureusement pas desservis par une ligne SNCF. La voiture étant désormais proscrite, ils pédaleront jusqu'au bureau (rien de plus sain).

3 h 10. Douche (deux fois par semaine, pour économiser l'eau) au savon d'Alep. Chaque trimestre, on s'offrira ce plaisir extravagant et citoyen: un bain à base de crème apaisante Ushuaïa à l'essence naturelle de jasmin du delta du Nil.

8 heures. Après un trajet aussi épuisant qu'une étape du Tour de France, le réconfort: une tasse de chicorée (fini, café ou thé !) ; depuis l'Occupation, tout le monde sait qu'elle est cultivée en France et brûle donc moins de carbone pour être transportée.

12 h 30. Déjeuner à base de carottes cultivées dans un potager communautaire accompagnant un steak de tofu.

13 h 30 – 17 h 30. Après-midi d'oisiveté créative (décrété mortel, le travail est désormais limité à quatre heures par jour). On va prendre l'air muni de son GPS décroissant (il propose des itinéraires évitant les magasins). Ensuite, ateliers manuels: tricot (on n'achète plus de vêtements), poterie, compostage…

18 heures. Cours collectif d'éducation écologique. Confession. Test hebdomadaire pour évaluer votre niveau d'écolo responsabilité.

19 heures. Fouille des poubelles de la superette la plus proche de chez vous en vue du dîner. Vous ne manquez pas d'argent, mais, là, vous accomplissez un acte militant et hygiénique. Vous dîtes ainsi non au gaspillage engendré

par la société de surproduction et vous renforcez votre système immunitaire.

20 heures. Allumage des bougies. Même si EDF sponsorise *Le Syndrome du Titanic*, l'électricité est bannie.

21 heures. Après le dîner, lecture critique des ouvrages de Claude Allègre. Évitez les romans américains, qui – bien que critiques de la société marchande – restent les vecteurs de la scélérate propagande capitaliste.

22 h 30. Interdiction d'utiliser son téléviseur. Seule permission : visionnage quotidien de dix minutes du film de Yann Arthus-Bertrand, *Home.* Le DVD (recyclable) est offert à chaque Français avec une photo (dédicacée) de l'hélicoptère.

22 h 40. Envoûté par la voix culpabilisante de "YAB – Big brother", on s'endort en songeant combien on l'aime, combien on l'aime, combien on l'aime[1]. »

---

1. *Le Figaro*, 10 octobre 2009.

VII

Le culte de la modération tous azimuts, aujourd'hui mis sournoisement en place, est l'application pratique de la pensée unique, de la bien-pensance qui prône la pondération verbale par peur des mots, la réserve, la retenue; l'interdiction de ne pas prendre soin de soi étayée par le nécessaire respect de prendre ainsi soin des autres et de manifester son allégeance à la société l'emportent sur toute expression de liberté, jugée trop débridée, inconvenante. Dès 1981, Vladimir Volkoff publiait un essai marquant, *Le Complexe de Procuste*[1], éloge de la différence, opposé au « monde gris de l'indifférence »; plus encore, Volkoff estime que Procuste est toujours vivant et qu'il est même le maître du monde. Pourquoi? Parce que ce célèbre brigand de l'Antiquité attachait ses victimes sur un lit et, à l'aide d'un couperet et d'un treuil, les raccourcissait ou les étirait selon leur taille pour les amener, toutes, sans distinction de sexe, d'âge ou de fortune, aux dimensions exactes du fameux lit... Thésée l'aurait liquidé après avoir éliminé le Minotaure, mais il n'est pas

1. Vladimir Volkoff, *Le Complexe de Procuste*, Julliard, L'Âge d'Homme, 1981.

mort puisque sa méthode survit : couper ce qui dépasse ou l'ajuster pour correspondre aux dimensions du lit du politiquement correct, d'une morale d'autant plus étroite qu'elle exclut la moindre variante, le moindre écart et condamne. Une seule tête, une seule pensée, une seule école, un seul modèle ! « … J'abhorre l'attitude suicidaire qui consiste à se préférer autre, à choisir le choix intégral sans tenir compte des données. L'art de vivre est fondé sur des différences, mais pas n'importe lesquelles : les essentielles nous sont imposées et il faut savoir les aimer, sous peine de sombrer soit dans l'absurdité de l'arbitraire, soit dans la platitude de l'indifférencié[2]. » Pour illustrer que seule la différence est gaie et féconde – et donc aussi le respect de la différence –, il préconise de répondre à une devinette : dans l'opéra *King Arthur* de Purcell, tiré de Spencer, la princesse Emmeline, aveugle de naissance, recouvre soudain la vue. Quelle est sa réaction quand elle découvre pour la première fois le monde visible ? Beaucoup pensent qu'elle est désappointée, « quelle imagination gastrique, puritaine, bureaucratique, mauvaise coucheuse », s'exclame Volkoff, car en fait, elle s'exclame « *How gay is the world !* » – comme le monde est gai ! Flaubert ne dit rien d'autre quand il s'emballe : « La terre est si belle ! » Gai et pas gris. Nuancé et pas uniforme. C'est en effet préférer porter les « pantalons écarlates » préconisés par D. H. Lawrence que la tenue sinistre de rigueur – sans qu'on n'ait rien demandé –, tout le monde en noir, en gris, en jean, baskets, polo sombre ! Pire que la veste Mao. Formatés sans le savoir. Tous sortis du même moule. Pas tous, heureusement. Le philosophe russe Nicolas Berdiaev écrit : « L'être, c'est l'inégalité ; l'égalité, c'est le néant[3]. » Égalité

2. Vladimir Volkoff, *Le Complexe de Procuste*, *op. cit.*
3. *Ibid.*

d'allure, de traitement, d'attitude, de pensée – et non de naissance, évidemment. Cependant, le culte de la différence n'est valide que s'il se fonde sur le respect de ce qui nous est commun : l'humanité, les mêmes droits, etc. Cette communauté d'attributs (puis de valeurs) permet la variabilité des manières de vivre. Il suffit de savoir que les fondations sont communes pour se permettre d'élever des extensions personnelles, une tourelle par-ci, une terrasse par-là… La permission de l'imagination personnelle à partir du fond de notre humanité commune. Unité dans la diversité d'un côté et diversité dans l'unité de l'autre – complémentaire selon Léontiev qui estime que cette dernière est « la loi générale qui forme la base de la beauté ». L'harmonie n'est pas pensable sans contradiction. Que faire quand tout est coulé dans le moule de la prohibition rampante qui a pour effet pervers de favoriser le cloisonnement généralisé entre partisans et opposants ? Entre fumeurs et non-fumeurs, amateurs de vin et buveur d'eau, gourmets/gourmands et ascètes ? « Tout ce qui mérite d'être toléré doit être respecté. Tout ce qui ne mérite pas d'être respecté ne doit pas être toléré[4] », préconise Volkoff. Appliquons un instant cette formule à ce qui aiguise notre sens de la tolérance : peut-on tolérer les propos francs, directs, sans détours ? Je préférerais. Les fumeurs, les filles à demi nues ? Plus que celles qui « se voilent la face » pour reprendre une expression bien française qui en dit long sur le lien entre visage, honte, culpabilité et même identité ! Plus que ceux qui aiment tellement jeter des pierres qui investissent dans des carrières !

Un monde où chaque citoyen se prend pour un juge, pour référence, est un monde où le procès devient règle,

---

4. Vladimir Volkoff, *Le Complexe de Procuste*, *op. cit.*

procès d'intention, procès de Moscou, stalinisme actif. Adieu liberté chérie ! « Moi, comme dirait Benjamin Perret, je ne mange pas de ce pain-là[5]. »

L'excès en tout est nuisible en tout ; c'est vrai dans un sens comme dans l'autre : excès d'abondance, excès de prohibition, de censure, d'interdits, de régime… Et donc, modération prévaut – bien qu'il faille en nuancer l'emploi selon chacun, puisque par exemple une femme est plus vite ivre qu'un homme à quantité égale d'alcool ingéré. Mais, si vous préférez jouir de vous priver, cela vous regarde, à la condition de ne rien imposer aux autres ; la joie de vivre, c'est autre chose, c'est un nouvel art de consommer (en fonction de ses besoins comme de ses limites, de ses envies comme de ses allergies…) qui devient art de jouir, et pas seulement de ce qu'on mange, mais aussi de qui l'on fréquente, de ce qu'on espère autant que de ce qu'on écoute, voit, découvre. J'aurais aimé qu'on arrêtât de confondre santé et bonheur, pleine forme et épanouissement personnel… On peut être malheureux comme une Madeleine, triste comme un dimanche de pluie avec des poumons roses intacts, des artères de bébé. Mais par pitié, rendons chaque jour hommage à ce qui mérite d'être loué, les vrais artisans du goût, les défenseurs des AOC, les labels incontestables, les cuisines régionales, les terroirs, les cuisiniers inventifs, sans prétention, les amoureux de soirées sans fatras, sans esbroufe, sans bling bling…

D'après *L'Éducation gourmande de Flaubert*[6], de Gonzague Saint Bris, Flaubert, jouisseur, toujours prêt à avaler un morceau, gourmand, est un écrivain qui aime la

5. Il fit graver cette phrase sur son tombeau en guise d'épitaphe.

6. Gonzague Saint Bris, *L'Éducation gourmande de Flaubert*, Minerva, 2004.

vie, mais souffre d'un mal de vivre chronique. Une phrase résume ce double état, paradoxal : « C'est étrange comme je suis né avec peu de foi au bonheur. J'ai eu tout jeune un pressentiment complet de la vie. C'était comme une odeur de cuisine nauséabonde qui s'échappait par un soupirail… » Malgré sa détresse et ce défaut d'ardeur qu'il place plus dans son œuvre que dans sa vie, Flaubert apparaît comme un bon vivant « bien décidé à mener une existence intense et enthousiaste, à assouvir tous ses désirs à coup de bons mots, de farces et parfois même d'extravagances. […] Il écrit un jour à sa nièce : "Je m'empiffrerai, ça me distraira", ou, à l'occasion de ses vacances à Trouville : "Je vais manger, fumer, bailler au soleil, dormir surtout." Programme accompli : "Je m'amuse beaucoup à l'heure des repas car je mange énormément de matelote. Je dors une douzaine d'heures… je fume passablement."[7] » Le même reconnaît cependant qu'il a bien du mal à combiner les exigences du travail littéraire et les tentations de la chair : il avoue, non sans pathétique et toujours avec humour, que quand il « baise Louise Colet », c'est dix pages de foutues ! Mais sans ce premier « épanchement » aurait-il à point exciter son désir d'écrire, sans plus attendre ?

Acceptons, sans paniquer, d'être mortel, d'avoir un droit de passage en guise de passeport et de vouloir le remplir au mieux ; qu'il y ait ou pas un au-delà, il commence ici ; acceptons de jouir de tout ce dont nous ne sommes que les dépositaires, avec toute la responsabilité que cette charge suppose. Sans doute est-ce en ce sens qu'il faut comprendre le mot de Nietzsche : « Plutôt que la vie éternelle, l'éternelle vivacité » –, être tendu vers le vivant, s'exalter pour cette part sauvage en soi qui n'est pas pour autant barbarie et qui

7. Gonzague Saint Bris, *L'Éducation gourmande de Flaubert*, *op. cit.*

n'a rien en commun avec la pensée molle, la morale flasque de ceux qui prennent la vie autrement que le large et préfèrent flotter entre deux eaux tièdes comme un banc de méduses. Il me plaît de mettre ici en rapport l'aphorisme de Nietzsche avec des notes extraites des *Carnets de guerre* de Louis Lavelle, philosophe spiritualiste : « La volupté produit selon l'usage qu'on en fait un abêtissement et une prostration, ou une vivacité égale et sans trouble qui donne à l'esprit plus de lumière, plus de délicatesse et une harmonie plus tranquille[8]. » J'adhère, je souscris sans réserve aucune. « C'est une bonne manière de purifier la vie que de n'avoir pas honte de la volupté physique.[9] » Ainsi entendue, la purification n'a plus rien de mortifère, mais exalte en nous la disposition à bien vivre. Comment ne pas aimer enfin cette notation merveilleuse, pleine de santé (justement) et bien rare dans l'Occident chrétien : « La vie active, l'intelligence, la bonté, la volupté sont incarnées par le satyre. Le satyre vaut mieux que les saints à auréole. Le poil et les pieds marquent l'attache à la matière dont il vit, mais qu'il ne renie pas[10] », puis, dans *L'Erreur de Narcisse* : « Il faudra peut-être un jour que l'homme apprenne de nouveau à dire oui au plaisir, comme il apprenait autrefois à dire oui à la douleur, et qu'au lieu de tirer une sorte de vanité de la douleur même qu'il est contraint de subir, il surmonte la honte d'avouer un plaisir qui lui ravit son consentement[11]. » Oui, « la joie du corps figure la joie de l'esprit, il faut même qu'elle nous y mène[12] » car « il n'y a d'impureté que lorsqu'on veut tenir l'esprit à l'écart des jouissances du corps[13] ».

---

8. Louis Lavelle, *Carnets de guerre 1915-1918*, Les Belles Lettres, 1985, p. 120.
9. *Ibid.*, p. 178.
10. *Ibid.*, p. 190.
11. Louis Lavelle, *L'Erreur de Narcisse*, Grasset, 1939, p. 98.
12. Louis Lavelle, *Carnets de guerre 1915-1918*, *op. cit.*, p. 121.
13. *Ibid.*, p. 180.

Cette défense et illustration de la volupté, et donc des désirs (dont on se dit parfois que les seuls « mauvais » sont ceux restés inassouvis ou en suspens), nous réconcilient avec nous-mêmes autant qu'avec la totalité vibrante du monde où persiste l'humain.

VIII

Aujourd'hui, morosité oblige – en tout cas, ceux qui s'y abandonnent ! L'omniprésence des interdits et de la prohibition généralisée suscite deux réactions : une attitude d'alignement (qui contient à part égale un sentiment de ne rien pouvoir, une défaite, une déroute, un déni...), une attitude de refus sans concession. Les premiers sont des moutons, les seconds sont des loups, amateurs de moutons bêlant en groupes. Les seconds se révoltent, s'insurgent, disent non, sans se prendre pour de Gaulle gagnant Londres, bien qu'ils soient convaincus d'être, à leur manière, des résistants, des irréductibles, qui se targuent de ne porter pour seul titre que celui de « vrais bons vivants ». Bien sûr, il arrive que les « alignés » soient des brebis enragées – et alors, ils s'en prennent à ceux qui refusent de bêler. Dans la catégorie des rebelles et des mutins, certains (dont une majorité de jeunes) cèdent à la tentation de la démesure, de l'outrance, et abandonnent leur volonté à la beuverie rapide et dévastatrice, à la cocaïne, pour ne citer qu'elle. Autrement que Cocteau ou Malraux à l'opium... Le premier s'amenda, se fit désintoxiquer, tira profit de l'expérience en écrivant le récit de sa chute et de sa douloureuse renaissance, le second, bien que sevré, fut envahi par des tics et autres mouvements aléatoires...

Autre époque, autres dérives. Le mal est plus grand parce que irréversible quand il s'agit de drogues dures, et déjà, les puritains s'exclament dans les coulisses que l'alcool tue, que le tabac décime, que ce sont des drogues puisqu'ils supposent dépendance. Dans ce cas, je suis un drogué de Mozart et de Bach, de jarrets de porc, de Gillardeau n °2, de fiestas, de langoustes, de champagnes millésimés !

Mettre en place, à force de pédagogie active (et donc d'amour) une éducation raisonnée du goût permettrait, à mon sens, d'éviter bien des dégâts. Mieux vaut chanter les bienfaits de la bière, par exemple, que Pasteur en personne qualifiait de « pain liquide », que ceux du jeûne avec tisane ou bouillon. J'attends d'être moribond pour donner dans le bouillon de poule. Éduquer le goût, même l'État y vient via l'école, c'est dire le degré d'abrutissement atteint pour qu'il se réveille enfin.

À force de côtoyer de plus en plus de pisse-vinaigre, de bonnets de nuit, de rabat-joie, d'apprenti dictateur, comment s'étonner de voir gonfler le nombre de ceux qui étouffent à force de réprobations, condamnations, mises en garde ? D'où la tendance, avérée chez une autre partie de la jeune génération (moins gangrenée par des tentations suicidaires), à se passionner pour le vin (les grands crus comme les si magnifiques productions plus modestes), les restaurants « authentiques » (le soir plus que le midi), les clubs d'amateurs en tout genre : de cigares, de chocolats, de vins de Bordeaux, de cuisines du monde…

Cette éducation du goût, nous en avons, nous les auteurs de ce coup de gueule, largement bénéficié. Elle fait partie intégrante de notre identité… Vertu de l'exemple ? Plus que cela, empathie, sens de la volupté et par conséquent vivacité intacte !

Emmanuelle accepte volontiers de lâcher quelques-unes de ses recettes plaisir et de beauté :

Sa cuisine. Les enfants n'aiment que le sucré et détestent les légumes, c'est bien connu ; petite fille, j'étais fascinée par les gâteaux roulés à la fraise et au chocolat que nous préparait notre cuisinier marocain, car à l'époque, nous vivions à Fédala. Passer devant la boulangerie était un de mes grands plaisirs : ma mère nous achetait des « têtes de nègre » (aujourd'hui politiquement incorrect en raison du « nègre » dont Léopold Sédar Senghor était si fier !), des mille-feuilles, des religieuses au café, des petits pains au chocolat... Le pacha nous invitait pour des thés pantagruéliques avec cornes de gazelle, gâteaux locaux au miel, aux amandes et à la fleur d'oranger. L'épicier nous offrait des bonbons et des chewing-gums roses qui devenaient des ballons. En Alsace, ma grand-mère nous bourrait de sacs de carambars autant que de conseils de piété. Le dimanche, nous raffolions de son vacherin aux meringues fondantes – pour fugaces que soient les plaisirs de la table, ils laissent en nous d'inaltérables souvenirs de bonheur, les papilles en émoi. Longtemps, j'ai joué à la dînette, mais c'est Zina, notre fatma, qui m'a appris à faire un gâteau au chocolat, merci ma douce ! J'adorais la regarder faire monter les blancs en neige, je léchais la casserole avec sensualité et peu à peu, au fil du temps, j'ai appris à rendre mes gâteaux de plus en plus fondants. Ce n'est qu'après mon mariage que je me suis mise à cuisiner, je suivais à la lettre les recettes du sauté de veau, du poulet basmati ou de la mousse à l'orange. J'adoptais les plats de ma belle-famille d'origine polonaise, je reprenais des plats traditionnels de mon enfance, non sans les revisiter à ma façon : les tajines d'agneau, de poisson, les salades marocaines... Aujourd'hui, j'ai tendance à acheter un plat cuisiné chez le boucher d'en face, parce qu'il a le sens des cuissons, des bons produits, mais rien ne plaît plus à ma famille que de me voir me lancer dans la préparation d'un lapin à la moutarde, d'un bœuf bourguignon ou de sanglier.

J'apprécie de plus en plus les restaurants peu chers – j'ai horreur des arnaques, des chichis, des décors surfaits, guindés – où les produits sont bons, simplement bons, goûteux, et n'ont nullement besoin d'être assortis de toutes sortes de sauces qui en masquent le goût au lieu de l'exalter. Rien ne me régale plus que les fruits de mer (moules, huîtres, crabes, homards, araignées, coques, oursins, langoustes...), tous les poissons, surtout la dorade sauvage, mais aussi les calamars et le poulpe à l'encre bien noire. Je raffole des rognons – ce qui est curieux pour une femme qui mange aussi peu de viande rouge que moi. Mais le chocolat reste pour moi le remède absolu à la déprime et à la fatigue.

Ses plaisirs: une coupe de champagne rosé frappé, un verre de pouilly fumé, une cigarette de temps en temps, pour me détendre facilement. J'avoue: j'ai le vin gai! Pour le corps, il me suffit d'un bain à l'huile d'amande douce, d'un jet de fleur d'oranger sur le visage, d'un lait à la rose, d'un massage, d'une séance de bain bouillonnant, d'un sauna, d'un hammam pour éprouver mille frissons...

Claude-Henry n'est pas en reste: je dois tout à ma mère, pas seulement sa passion pour les fourneaux qu'elle a su rendre contagieuse, car sans les conseils avisés de ce cordon-bleu, sans doute ne serais-je capable que de tambouille militaire, mais encore son libéralisme intégral: elle avait des principes (la droiture, la fidélité, la probité...), mais pas ce que certains appellent la « morale ». Bien avant qu'on sache que sous les pavés dormait une plage, elle s'interdisait de m'interdire quoi que ce soit. Pas une forme flasque de laxisme, un absolu respect de l'autre, de ses choix, de son intimité. Elle était la fille d'un hobereau polonais, modèle du bon vivant, qui, d'ailleurs, mourut à quatre-vingt-neuf ans, à table, une fourchette à la main en s'exclamant : « Nous allons enfin manger ! » Grand-père fumait tellement cigare sur cigare que, quand j'entrais dans sa chambre, je ne le voyais pas, il était là, quelque part dans ce brouillard, à jouir de son havane. Les repas étaient interminables et se composaient d'entrées chaudes, froides, de poissons, entremets, viandes de plusieurs espèces, fromages et quantité de desserts. À peine avions-nous quitté la table pour une promenade digestive que nous remettions le couvert pour le dîner et, comme ma mère avait horreur d'accommoder les restes, elle prévoyait un menu totalement différent de celui du déjeuner. Fils unique, je passais des heures à élaborer pâtisseries (à pleines mains, voilà comment commence la volupté !), à apprendre à découper une volaille, à lever les filets d'un poisson ; mon père me fit découvrir la saveur des joues de truites sauvages, la délicatesse des sot-l'y-laisse, l'art d'ouvrir les huîtres sans les remplir d'éclats de coquilles... Il en était tellement friand qu'il faisait venir par camion des bourriches qu'il réservait à la cave, se fournissait en cognac chez un ami bouilleur, disposait avec un sens inouï de l'harmonie des tranches de tomates dans une assiette en ciselant du basilic frais. Tous les amis de passage étaient les bienvenus et j'en vis plus d'un se remettre à table alors qu'il venait de manger. Papa s'amusait de voir un de ses intimes, ancien directeur de séminaire, manger une langouste le vendredi en disant : « Ce n'est pas de la viande ! » En saison de chasse, il faisait longuement faisander le gibier dans un local approprié, tâtait religieusement la bête, attendant que « le bec tombe enfin pour nous dire que la viande est à point ». Manière de sauvage pour plus d'un. Art de vivre selon moi. C'est à lui que je dois ma passion pour le gibier, le sauté de sanglier, mon amour pour les abats, la terrine de ris de veau, l'andouillette au chablis, la tête de veau gribiche (sans oublier les câpres et l'œuf dur !). Les repas étaient toujours plus que copieux et d'une variété à faire pâlir un chef de cuisine, jamais les mêmes accompagnements, les mêmes sauces ! Pas d'autres conserves que celles fabriquées à la maison, en été ; haricots verts, tomates, prunes, compotes… patiemment mis en bocal, les élastiques servant à la stérilisation patientaient dans l'eau frissonnante sur le feu continu de l'office. Tout cela et plus encore m'a disposé au bonheur et fait de moi un homme heureux et attentif à partager ces moments de joie simple. Quant au franc-parler, jamais il ne fut remplacé par une quelconque peur de dire ce qu'on pense, sans désir de froisser, mais sans vouloir non plus retenir sa pensée. Une leçon. Étudiant, je me souviens notamment de mes visites chez Philippe Soupault alors fort âgé. Il avait été opéré d'un cancer du larynx et parlait avec une voix cassée pleine de charme. Le plus étonnant, quand on arrivait dans sa chambre rue Chanez, était la longue file de bouteilles de bordeaux (pleines, cela va de soi) qui longeait le mur de l'entrée… et, comme un enfant qui craint la réprimande, il ouvrait la fenêtre, pour que la fumée de sa cigarette s'en aille dehors – le cancer ne l'avait pas dissuadé et à ma connaissance, ce n'est pas ce qui l'a tué ! Que dire des fêtes magnifiques de liberté, des concerts, des soirées à l'opéra, des après-midi au Ritz, rien pour ne pas avoir l'air d'un dilettante ou d'un oisif dispendieux ! Mais enfin, sans cela, peut-être serais-je devenu infréquentable !

Mais les bons vivants ne forment pas pour autant une espèce de société secrète ou une secte avec ses rites ; ils n'ont d'ailleurs aucun penchant pour ce qu'on cache, pas plus que pour les manières fabriquées.

Le boucher de la rue de Varenne, par exemple, est un bon vivant notoire : il est réellement une star, connu pour sa saucisse au sanglier et pour ses animations dans la rue.

M. X. nous confie: « On est dans un monde d'interdits, dans une ambiance de peur: on ne sait pas si on va mourir demain ou après-demain, il faut donc apporter à nos clients un peu de bonheur. Ils apprécient notre animation sur rue, la convivialité de boire ensemble un petit coup de beaujolais avec un inconnu, c'est ce qu'on faisait autrefois. La bonne nourriture revient: les gens veulent manger un pot-au-feu traditionnel, une blanquette de veau... Il y a beaucoup d'hommes qui font leurs courses pour le week-end et se détendent en cuisinant une joue de porc au gingembre, un bourguignon. Je vends plus de produits traditionnels, comme des bas morceaux. J'explique qu'il vaut mieux acheter un sauté d'agneau qu'un rôti de veau ou des escalopes, des têtes de filets mignons de porc, des cuisses de pintade: c'est moins cher, autour de 10 euros le kilo (2,50 euros la cuisse). Il y a un retour à la qualité. La crise de la vache folle nous a fait une peur bleue, deux bouchers sur trois ont fermé. Je n'ai pas craint de montrer des étiquettes: un produit *made in France* vaut plus cher qu'une viande qui vient de l'Europe de l'Est ou de l'Afrique. Plus on se rapproche des fêtes, plus on s'aperçoit que les clients nous demandent si nous avons toujours de la bonne dinde. On explose !

J'aime particulièrement le bœuf bourguignon, le pot-au-feu avec de la queue de bœuf, la joue de bœuf, le gîte, quelques os à moelle, le tout avec un bouquet garni. Quand il fait froid, la choucroute, c'est le bonheur. La blanquette de veau et le couscous qui se vendent bien. La saucisse de sanglier maison: pour mes préparations, il me faut du gibier frais – je la fais mariner vingt-quatre heures, j'ajoute du poivre, des baies roses concassées... Les tripes à la mode de Caen, le sanglier, le pâté de lièvre, le foie gras, les tournedos de biche avec sauce grand veneur (crème fraîche, poivre concassé). En cinquante ans, j'ai vu de nombreux messieurs se mettre à cuisiner : ils le font de tout cœur, le résultat est toujours bon ! Tenez, je vous offre ma saucisse au veau et citron anti-crise ! Rue du Bac, on tourne un film sur la sœur de Mozart, l'équipe m'a demandé de fournir pendant trois semaines, pour les repas de cinquante personnes, des paupiettes, de la Morteau aux lentilles… »

Un clin d'œil à l'époque de ce grand musicien qui mourut à cause d'une côtelette avariée.

Mais comment ne pas citer quelques incontournables tels que Denis Tillinac, merveilleux convive, d'une gaieté à toute épreuve, cultivé en diable, franc comme un rasoir, comment le remercier d'avoir fustigé l'entrée la plus débile à la mode dans les années 1990 : les tomates mozzarella ? Corrézien, fier de son terroir, de sa liberté, il incarne à lui seul la générosité et le bien-vivre. Il est en cela bien proche de son ami Chirac… ou d'un Chabrol qui tourne ses films en fonction des restaurants du coin… ou d'un Depardieu, colosse admirable, acteur de génie, vigneron, bonne fourchette et verbe profus.

IX

Nous avons rendez-vous avec le journaliste écrivain, Sébastien Lapaque et Yves Camdeborde. Cet ancien chef de La Régalade a fait ses classes au Crillon avant de devenir le pape de la « bistronomie »: l'art d'adapter à l'économie de bistrot un savoir-faire de palace. Il est aujourd'hui propriétaire du Comptoir du Relais, au carrefour de l'Odéon[1] et de l'hôtel Relais Saint-Germain. Ce cuisinier hors pair, inventif et amical, est avant tout un bon vivant qui a son franc-parler et défend bec et ongles la diversité des agriculteurs et producteurs du terroir face aux multinationales. À L'Avant-Comptoir, une sandwicherie/crêperie mitoyenne, transformée depuis peu en bar à hors-d'œuvre, un verre de mâcon à la main, nous discutons à bâtons rompus, dans la bonne humeur et la passion.

Quel regard portez-vous sur cette époque saturée d'interdits ?

Yves Camdeborde : Ça fait des années qu'on essaie de nous interdire une façon de vivre, de boire, de se comporter. Mais on a quand même la chance de pouvoir

---

1. 7, carrefour de l'Odéon, Paris 6e. Tél : 01 43 29 12 05.

prendre sa liberté, de vivre sans se soucier de ces interdits, nous faisons partie de cette minorité qui ose encore les enfreindre…

Parlez-nous de vous, de votre famille.

Y. C. : Par mes origines, j'ai une culture jouissive de la vie. Fils de paysan, je viens de Pau, dans le Béarn. Mon père a bu quatre litres de vin rouge par jour toute sa vie et il s'en porte très bien ! Il n'est pas alcoolique pour autant ! L'art de bien vivre, de bien manger, de bien chanter, de faire la fête est culturel : c'est en moi. Cela fait partie de ma vie au quotidien. Quand j'ai l'occasion de me lâcher, de profiter de la vie, je le fais pleinement. Même si on est montrés du doigt, considérés comme des poivrots, des fêtards !

Vivez-vous cette philosophie de bon vivant dans votre travail ?

Y. C. : Je la vis par une forme de générosité, d'échange au quotidien. J'aime les gens, j'aime discuter avec eux, recevoir. Ma cuisine, c'est de la passion, de l'amour. Cela fait trente ans que je suis à Paris, j'ai travaillé au Ritz, au Crillon, à la Tour d'Argent. Des grandes maisons fantastiques pour apprendre à travailler, mais où il manquait les mots jouissance et passion. En 1991, j'ai créé un établissement fondé sur la qualité, le professionnalisme, un investissement personnel pour arriver à faire des produits top. Je ne ferais pas mon métier si mes clients n'étaient pas heureux, ne venaient pas m'embrasser tous les jours. C'est trop dur.

Sébastien Lapaque : Quand Yves est arrivé à Paris, au milieu des années 1980, il y avait déjà des patrons de bistrots (des Auvergnats surtout) qui aimaient discuter avec leurs clients au comptoir. Ils étaient en opposition avec la culture bourgeoise des grands restaurants un peu serrés, ils étaient juste des bons vivants. Aujourd'hui, il y a une recherche d'être aussi des bien vivants. À de rares exceptions près, les bistrots chaleureux des années 1970 et 1980 servaient n'importe quoi. Sauf chez Pontonnier et chez Robinnot au Langevin, là où Debord buvait. Il y avait de la rigolade, de la camaraderie, mais la cuisine était mauvaise.

Y. C. : Ce qui m'insupporte, ce sont les chefs qui se prennent pour des artistes. Ils croient réaliser des œuvres ! Cela donne des restaurants-musées. Pour eux, ce ne sont plus les chefs qui ont besoin des clients, mais les clients qui les méritent. Alors que c'est l'inverse : ce sont les chefs qui méritent leurs clients. Cuisiniers et restaurateurs ont fabriqué des lieux guindés où l'on ne parle pas, on se comporte bien, on n'arrive pas en baskets… On a tout aseptisé. Le client devrait se prosterner devant *La Joconde* ! On a oublié que, quel que soit le niveau du restaurant, l'essentiel est la convivialité, la générosité. Quand je pense à l'ambiance des bistrots de l'ancien trou des Halles, c'est cette gaieté qu'il faut tenter de retrouver ! Tenez, l'autre jour, nous sommes allés dans un trois étoiles Michelin et nous nous sommes comportés comme si nous étions dans un bistrot. On a choqué ! Et pourquoi ? C'est un tort d'éprouver de la jouissance ?

S. L. : Le travail d'Yves et tout ce qu'on a appelé la « bistronomie » a été de réunifier la qualité des produits et l'art, la technique et la bonne humeur. Quand Yves faisait une réflexion sur le produit, les bistrotiers d'avant le prenaient pour un fou. Aujourd'hui, les endroits dits « classiques » sont souvent devenus des musées. Il fallait réunifier gourmandise et bonne humeur.

Pouvez-vous nous parler de cette qualité de cuisine que vous avez apportée ?

Y. C. : Je traite des carottes râpées, un œuf mayonnaise, comme un lièvre à la royale ou un bar au caviar. Au début, les mammouths nous ont tirés dessus ; nous n'avons jamais été reconnus par les grands groupes, les instances fédérales, mais les clients revenaient. Ils disaient : « C'est magique : on mange de la super qualité, dans une ambiance on ne peut plus conviviale. » Dans les grandes maisons, j'ai eu la chance d'apprendre la technique, les produits, la discipline, mais je me suis toujours senti acteur. J'ai voulu faire un restaurant qui me ressemble. Nous avons prouvé que nous pouvions exister en faisant plaisir. J'ai voulu vivre ma passion, m'asseoir avec mes clients, mes amis, créer un esprit naturel, faire plaisir à des gens que j'aime. J'aime me sentir à l'aise, au même niveau qu'eux. J'ai voulu des prix accessibles au plus grand nombre, mais j'ai continué à offrir des produits top, à suivre des techniques évolutives.

S. L. : Il faut ajouter que vous utilisez des produits peu chers et que vous les travaillez beaucoup.

Quels sont, par exemple, vos produits favoris ? D'où viennent-ils ? Et quelles sont vos spécialités ?

Y. C. : J'utilise aussi bien des maquereaux, des sardines que des turbots... Ma cuisine s'inspire aussi de la tradition : nous remettons en valeur un pied de cochon, une joue de bœuf, des tripes.

S. L. : On trouve du lièvre à la royale dans les grandes maisons et chez Yves, mais dans les grandes brasseries du 17e arrondissement de Paris, il n'y a plus personne pour le préparer. Le métier se perd. Pour faire une cuisine sur l'émulsion et les herbes aromatiques, il suffit de commencer à 11 heures du matin. En revanche, le lièvre à la royale suppose un gros travail de trois ou quatre jours. Si je devais calculer le temps de travail, cela coûterait une fortune. Ce qui me pousse, c'est la passion.

Quels sont les restaurants qui font encore ce type de cuisine traditionnelle ?

Y. C. : Le Ribouldingue[2], Le Repaire de Cartouche[3], Chez Michel[4], L'Ami Jean, le Café Constant... Le Chateaubriand, Le Baratin, une cuisine faite avec le même amour. La Tour de Montlhéry et son pavé aux échalotes avec des frites... La Cantine où vous mangerez des crudités avec un poulet.

S. L. : Ce sont cinquante adresses à Paris.

Et ceux qui ne sont pas à recommander ?

Y. C. : La malbouffe ! Prenez les grandes brasseries, c'est honteux ! Elles sont rachetées par des groupes américains qui ne cherchent que la rentabilité. La bouffe est un scandale. Le métier devrait être protégé comme celui des docteurs, des vétérinaires, des coiffeurs. Il y a trop d'argent en jeu. Nous, nous sommes des petits, mais je ne veux pas entrer dans ce débat, je préfère me concentrer sur ce que je fais, sur ce que j'aime. C'est ma vie.

Parlez-nous de vos produits...

Y. C. : Mon frère est à Pau et me fournit beaucoup de marchandises. Les salades viennent de Bretagne. On travaille avec un réseau qui nous livre les topinambours, le cresson, les marrons, les légumes. La viande, le cochon proviennent du Pays basque, de Bigorre et de la Corse. Le vin de Mâcon. On essaie de trouver des vignerons qui nous ressemblent. Des gars du terroir qui respectent leur terre.

---

2. 10, rue Saint-Julien-le-Pauvre, Paris 5e. Tél. : 01 46 33 98 80.
3. 8, boulevard des Filles-du-Calvaire, Paris 11e. Tél. : 01 47 00 25 86.
4. 10, rue de Belzunce, Paris 10e. Tél. : 01 44 53 06 20.

Transmettez-vous votre savoir, votre expérience ?

Y. C. : Parmi mes employés, neuf se sont installés, dont, à Paris, chez L'Ami Jean, à L'Ourcine[5] et aux Moulins. Mais la passion est difficile à faire comprendre. Il faut vouloir se consacrer à ce métier qui est moins dur que celui d'infirmière ou d'éboueur. C'est un métier qui évolue, qui est reconnu. Nous sommes médiatiques, ce qui nous est agréable. Nos salaires sont dans la bonne moyenne de ceux des Français : c'est du bonheur. Je suis fier d'avoir cinquante employés, ceux de l'hôtel y compris. Fier de représenter mon pays, de ne vendre que des produits français.

S. L. : Sauf le poulain canadien !

Y. C. : Si moi, au bout de la chaîne, je ne revendique pas ce jardin qu'est la France, qui le fera ?

Que pensez-vous du bio ?

Y. C. : C'est très bien, il faut continuer. Dans le bio, il y a 10 % d'escrocs ! Il faut aller vers la pureté des produits, respecter l'environnement. Je suis pour la Slow Food, une association d'origine italienne pour la défense des produits traditionnels. Nous avons la chance d'avoir une telle diversité de produits dans nos régions de France ; un charcutier fantastique de Corse vous dira que son boudin est le meilleur du monde, c'est formidable. Il faut préserver ce savoir et le transmettre afin qu'il ne soit pas bouffé par les multinationales. Il faut combattre le fast-food. Le vin, c'est un drame…

S. L. : La culture du vin s'est perdue en France et avec elle, le goût d'en boire. Il y a une minorité de vignerons qui est restée dans l'agriculture. La plupart des vins sont produits selon des méthodes industrielles qui ne sont pas

5. 92, rue Broca, Paris 13e. Tél. : 01 47 07 13 65.

satisfaisantes en terme de goût et qui, en plus, en terme de concurrence, seront toujours trop chères. Pour sauver le vin en France, autant revenir à une agriculture paysanne, à des vins fabriqués selon des procédés compliqués, sur des territoires difficiles à travailler, et qui sont reconnus. Le paradoxe est que le vin de qualité est plus apprécié par des étrangers que par des Français. J'ai écrit sur le vin au Brésil des choses que je ne pourrais pas écrire à Paris : des vérités sur le vin, quels sont les bons champagnes, les bons beaujolais.

80 % du vin n'est pas bon en France. En étant très sévère, on va même dire 98 %.

Comment choisir ?

S. L. : En goûtant !

Y. C. : En évitant d'acheter des guides qui sont tenus, eux aussi, par des multinationales qui tiennent des régions entières. C'est comme le foie gras du Sud-Ouest : il est en train de se faire bouffer par ces multinationales. Elles rachètent tout, baissent le prix d'achat et le prix de vente, et le petit éleveur qui continue le gavage aux grains et à la main n'arrive plus à suivre, à vivre. Les multinationales cassent les prix : au lieu de 30 euros, elles imposent trois semaines à 20 euros ! Le consommateur, mouton, ne s'en rend pas compte.

S. L. : Pour en revenir au vin, il est un produit non reproductible : s'il est produit sur un terroir avec un rendement donné, si le vigneron fait trois mille bouteilles qui plaisent énormément, il ne peut pas en faire six mille l'année suivante. Ce n'est pas un processus industriel. Ce qui intéresse la grande industrie, c'est Dom Pérignon, un produit de luxe : trois millions et demi de bouteilles. Alors que nous allons défendre Substance A. Selosse, notre champagne préféré : deux mille bouteilles et pas moyen d'en avoir plus. Cela n'entre pas dans une logique économique. Les produits paysans et artisanaux ne les intéressent pas parce qu'il n'y a pas assez de volume. De toute façon, le vin tel qu'on l'aime et tel qu'il peut être bon a un volume critique.

Y. C.: L'État n'aide pas les petits agriculteurs, il subventionne les mammouths: c'est le cas pour le quota laitier. Les gros explosent, il faudrait valoriser les petits, favoriser la diversité. Le problème, c'est qu'ils n'ont pas de subventions.

S. L.: Les vignerons que nous défendons ont des exploitations à taille humaine. Ils connaissent et travaillent eux-mêmes la totalité de leurs vignes.

Dans quelles régions trouve-t-on ces vignerons?

S. L.: Dans toutes les régions de France. En particulier dans le Bordelais, bien que ce soit la région qui soit la plus en retard.

Y. C.: Partout, il y a des gars qui ont des convictions, des valeurs qu'ils veulent préserver.

C'est difficile pour le public de les connaître...

S. L.: Le grand public s'y trompe car, de manière paradoxale, ces vignerons nouvelle vague et très intéressants sont souvent sur les terroirs les moins cotés, là où ils ont plus de liberté de travail: en Loire-et-Cher, dans le Maine-et-Loire, dans le Var et les Bouches-du-Rhône, en Alsace... Les gens vont vers les grands terroirs de Bourgogne, là où la vigne coûte très cher. Ce sont dans les petits terroirs décotés qu'il y a les grands vignerons d'aujourd'hui, comme Thierry Puzelat (le Ko Clos de la Roche), en Touraine. (« Avec le côté attendri par les sols calcaires du Val de Loire, Thierry Puzelat cisèle des vins qui sont des merveilles de fruité, de construction et de profondeur. La cuvée Ko Clos de la Roche est produite avec son propre raisin [...]. Certains voisins de Thierry Puzelat ne se posent pas tant de questions et trouvent plus simples de procurer à leurs vins une vivacité artificielle en les acidifiant », reconnaît Lapaque dans son *Petit Lapaque*[6]…) Il y a aussi Patrick Desplats, aux Coteaux du Layon… et Éric Pfifferling, au domaine de l'Anglore à Tavel. « Un rosé de presse libre et naturel qui ne donne pas mal à la tête… Frais, fruité, le millésime 2008 est d'une émouvante pureté. Comme Anselme Selosse, Éric Pfifferling aime bien retrouver l'eau de roche à la source derrière la trame aromatique de son vin […]. Un rouge-rosé, répond Éric que tous les débats autour de la couleur exaspèrent[7]. » Il y a des gens dans le Beaujolais qui sont allés plus vite et plus loin, comme Philippe Valette (le mâcon-villages) au domaine Valette. « Ce vigneron respectueux de son terroir a l'art d'être grand sur des appellations qui font sourire les œnologues à nœud papillon : beaujolais blanc, mâcon-villages, chaintré, viré-clessé. Adepte des élevages longs, il aime que ses vins ressemblent aux paysages au milieu desquels ils s'épanouissent et au chardonnay qui leur donne naissance. Naturels, ils ont toutes les caractéristiques des vins sans soufre. Ainsi ce mâcon-villages 2004, légèrement troublard, au nez fruité, avec ce qu'il faut de gaz carbonique en bouche. Gras, généreux, intempestif. Un régal de fin d'été finissant sous la pluie parisienne, s'enthousiasme Lapaque… Celui que vous venez de goûter, un autre mâconnais, est fabriqué dans le moins bon terroir du sud de la région[8]. »

Les produits des petits exploitants ne sont-ils pas trop chers pour des petites bourses ?

Y. C. : Oui, mais ils sont meilleurs.

---

6. Sébastien Lapaque, *Le Petit Lapaque des vins de copains*, Actes Sud, 2007.
7. *Ibid.*
8. *Ibid.*

S. L. : Yves fait des efforts pour avoir des bons produits, mais d'autres s'en moquent et ce sera cher aussi ! Ici, les gens sont prêts à payer un peu plus cher pour avoir des produits artisanaux de qualité.

Dans Le Petit Lapaque des vins de copains[9], *vous avez procédé à une sélection...*

S. L. : Oui, ceux dont on a parlé, des vins produits parfois en agriculture biologique. Vins naturels, vins de tous les terroirs de France. Avec Yves, nous avons publié, dans *Room service*[10], des textes sur des écrivains : Alexandre Dumas, Casanova, Joyce, Hemingway, Balzac, Frédéric Dard, Sagan... Il y a mille façons d'être bons vivants !

Comment qualifiez-vous les bons vivants ?

S. L. : Il y aurait un lien à faire entre bons vivants et bien vivants. Si c'est bon, c'est bien ! Il y a une recherche d'harmonie ; on est dans un monde robotisé, compressé, numéroté, estampillé, contrôlé : être un bon vivant, c'est peut-être vouloir échapper à la surveillance générale. Pouvoir s'amuser, croire en des valeurs comme le rire, la camaraderie. Il y a des valeurs de base comme l'amour et l'amitié qui sont finalement assez battues en brèche par ce monde de la performance, de l'argent, de la réussite. On devient individualiste. Être un bon vivant, c'est aussi revenir à l'amour, à l'amitié, au partage, à la camaraderie. Des choses éternelles.

Vous aimez les bons restaurants, lesquels ?

S. L. : Un bon restaurant, c'est celui de mes amis, là où je suis content d'être. L'amitié compte plus qu'une

9. Sébastien Lapaque, *Le Petit Lapaque des vins de copains*, *op. cit.*
10. Yves Camdeborde, Sébastien Lapaque, *Room service*, Actes Sud, 2007.

espèce de technicité. La personne avec qui l'on est, celle qui vous reçoit, les endroits où il y a de la chaleur humaine… c'est cela qui compte. Aller manger n'est pas un plaisir froid, comme chez les Japonais. Dans mon livre, j'ai fait des portraits de vignerons, car je trouve qu'il y a un discours très technique, désérotisant, en particulier sur le vin: il faut remettre un peu de folie, d'enfance, de bonne humeur, de simplicité là-dedans! Le discours technique des sommeliers vous dégoûte de boire du vin! J'ai essayé d'en parler de manière plus impressionniste et littéraire. Il faut aller voir les vignerons sur leurs terres, ce n'est pas difficile. Avec Yves, nous avons fait ce lien entre cuisine et gastronomie, à quoi s'ajoute l'amour des livres, de la poésie. Le lien entre littérature et gastronomie est ancien. Cette tradition se prolonge. Aux plaisirs de la table correspond aussi ceux de la lecture, de la beauté. Comme par hasard, ce sont les gens qui n'aiment pas manger qui n'aiment pas lire non plus ni écouter une sonate ou regarder un paysage. Tout est lié. C'est ça un bon vivant, pas une gourmandise détachée du reste! On ne mange pas tout seul, c'est vraiment le plaisir barbare par excellence.

Y. C.: Manger, c'est partager!

S. L.: Il faudrait que vous alliez à Lille, au restaurant La Laiterie, allez voir le chef, un cas d'école de bon vivant: il a des convictions, il croit à son Nord. Dans notre corporation, il y a des impulsifs, heureusement. Le chef, Benoît Bernard, fait une cuisine extravagante, à son image. Lamberta, est un jouissif, il porte des sabots, mesure 1 m 90, pèse 140 kg, Obélix!

Et la nouvelle cuisine?

Y. C.: Il en faut! Quand elle est faite par des gars qui y croient, elle est top! Elle a eu du bon, elle a allégé la cuisine, l'a fait évoluer, a apporté une réflexion. C'est parfois du génie. On échange avec des gens sincères.

Vous revenez de Barcelone, n'est-ce pas ?

S. L. : Oui, nous étions au restaurant El Bulli, près de Barcelone. Du grand ! Le meilleur restaurant du monde. J'aimais ce que faisait Olivier Roellinger quand il avait son trois étoiles, maintenant il a arrêté, il a son bistrot. Un trois étoiles tenu avec passion est formidable, mais c'est une telle tension ! Pas mal de chefs ont les deux ; un restaurant étoilé et un bistrot. Ils seraient peut-être aussi contents de n'avoir que leur bistrot. Les étoiles, c'est trop de services, trop de clientèle, trop de contraintes en termes de place, d'investissements, de vaisselle. Au Crillon, au restaurant Les Ambassadeurs, Jean-François Piège a essayé d'avoir une troisième étoile au Michelin, il est maintenant chez Thoumieux[11], une maison qui tournait au ralenti et qui repart du feu de Dieu. Tout le monde va dans cette direction de manière spontanée. À part quelques-uns qui préfèrent rester des vedettes ! Avant, une belle auberge de province, comme la Mère Brazier, à Lyon, pouvait avoir trois étoiles au Michelin. Maintenant, c'est fini ! Et puis les gens ont moins de temps pour manger ; avant ils allaient à Fontainebleau, à Chantilly… maintenant ils restent à Paris, ils sont pressés.

C'est fini ces repas qui duraient des heures…

S. L. : Ça nous arrive de rester six à dix heures à table ! Vendredi dernier, nous étions chez notre ami Thierry Breton, Chez Michel ; on a fait la jonction du repas du midi au repas du soir ! De midi à 21 heures.

Y. C. : Rester douze heures à table ne me pose pas de problème.

---

11. 79, rue Saint-Dominique, Paris 7e.

On ne peut plus fumer de cigare...

Y. C. : Une interdiction stupide ! C'est du cynisme : quand on pense à ce gaz carbonique des voitures qu'on prend dans la gueule tous les jours ! Ils vont bientôt nous faire chier avec des interdictions sur l'alcool. On nous dira : il faut arrêter de manger à cause du cholestérol, du diabète, il faudra manger des pastilles vertes ou rouges... La bêtise ! Un autre danger : le goût se perd, celui du lait cru, (à cause de ces cons d'Européens), du beurre.

S. L. : Le pire est la perte de la mémoire du goût. Les gens mangent, ne savent plus ce qu'est une bonne fraise. Ils trouvent même certains produits trop forts, comme le beurre.

Y. C. : Le sous-vide, le plastique qu'on nous demande jouent beaucoup. On veut des tomates toute l'année ! Les fruits de mer sont mieux achalandés, mais la mer se vide de ses poissons. On a ratissé le thon. La productivité, les subventions nous tuent. Il faut se battre pour préserver la diversité.

Il faut réserver chez vous ?

Y. C. : Oui, c'est complet pour trois mois. En moyenne, on a trois cents clients par jour.

Qui sont les bons vivants ?

Y. C. : Les allumés : Inaki Aizpitarte, le chef du restaurant Le Chateaubriand[12] ; le caviste de La Quincave[13] ; Jean-Louis Bourdier qui fait du beurre en Bretagne. Allez aux Nuits, près de Ramatuelle, une ferme auberge où Renaud Bazace élève des canards[14].

---

12. 129, avenue Parmentier, Paris, 11ᵉ.
13. 17, rue Bréa, Paris, 6ᵉ.
14. Tél. : 06 74 28 98 37.

Pouvez-vous nous citer quelques-uns de vos clients fidèles et bons vivants ?

Y. C. : Yann Queffélec, Christian Authier, Catherine Deneuve viennent ici. Ils aiment vraiment manger. Il y avait Belmondo. Et Édouard Baer, Bénabar. Chez les politiques, Borloo, Chirac qui adore le Ribouldingue. Joeystarr. De la télé, Guillaume Durand, Maïtena Biraben, une marrante ! Sylvain Marconnet, le joueur de rugby. Un conseil : allez au Repaire de Cartouche !

Dans *Room service*, Yves Camdeborde et Sébastien Lapaque ont mis en scène un festin imaginaire et célébré vingt-deux écrivains, tous honorés de recettes inspirées de leur vie et leur œuvre. Des huîtres gratinées au champagne pour Casanova, du poulet marengo pour Honoré de Balzac, du bœuf en gelée pour Marcel Proust, une citrouille surprise pour Charles Perrault, du cochon en valise pour Marcel Aymé, des religieuses au café pour Georges Bernanos, de la tarte aux mirabelles pour Georges Simenon, etc. Le tout agrémenté d'une collection de vins fins confiée à la garde de François Rabelais. « La cuisine, c'est toujours une affaire de mots, et les mots, une affaire de cuisine […]. Les noms de plats racontent des histoires, invitent au voyage, perpétuent la mémoire des hommes illustres. Ainsi la poularde de Bresse en vessie façon mère Brazier et le brochet au beurre blanc à la Curnonsky, les glaces plombières Tortoni et le club Sandwich César Ritz. Un plat, c'est à la fois un traité savant, un livre d'histoire et un roman d'aventures[15]. »

Chaque écrivain se trouve dans une chambre du Relais Saint-Germain. Simenon dans la chambre 10. Au menu, des ris de veau à la belge et une tarte aux mirabelles de

15. Yves Camdeborde, Sébasten Lapaque, *Rom service*, *op. cit.*

Mme Maigret dont nous découvrons la recette. Pour Sagan, ce seront des beignets fleuris de courgettes de Saint-Tropez et une bourriche de Mouscardins ; saumon sauvage de Navarreux, sauce béarnaise pour Francis Jammes : paupiettes de veau façon Gabriel Fouquet, paris-brest-paris, pour Antoine Blondin. Pour Rimbaud, estouffade de sanglier des Ardennes. À Joyce, l'exilé, seront livrés des rognons de mouton à la Léopold Bloom. Dans *Ulysse,* le personnage de Bloom aimait « les rognons de mouton au grill qui flattaient ses papilles gustatives d'une belle saveur au léger parfum d'urine ». En dessert, on sert à Joyce du cake irlandais. *Of course !* Le *Room service* de Maupassant se compose d'une petite friture des bords de Seine et d'une bécasse préparée sur sa rôtie. Impossible de résister au plaisir d'évoquer Balzac chez qui « on s'empiffre au moins autant que chez Rabelais ». Balzac qui aimait les vins de sa belle Touraine… et surtout le champagne « servi soixante-dix-huit fois dans *La Comédie humaine*[16] ». Et Dumas qui classa ses recettes, publiées trois ans après sa mort. Quant à la marquise de Sévigné, contemporaine de Vatel et de La Varenne, elle fait « de l'art de bien traiter » une discipline majeure. Il faut lire ce petit livre qui se déguste et où l'on découvre les recettes des romans de Proust aussi bien que celles d'Hemingway et de bien d'autres bons vivants. Si Proust n'était pas un gros mangeur (il ne prenait qu'un repas par jour), il y a chez lui « une exquise gourmandise » qui l'apparente aux fins gourmets.

À lire aussi, *Le Petit Lapaque des vins de copains*, de Sébastien Lapaque. Un hommage aux hommes et aux femmes qui, un peu partout en France et désormais dans le

16. Yves Camdeborde, Sébasten Lapaque, *Rom service*, *op. cit.*

monde, ont laissé de côté les produits phytosanitaires et les engrais de synthèse afin de réconcilier un raisin qui n'a pas besoin d'être bricolé à la cave. « Sur tous les terroirs français, on trouve aujourd'hui des vignerons rebelles aux sirènes de l'agro-industrie qui poussent jusqu'au bout leur quête d'une expression naturelle du jus de raisin fermenté. Leur volonté de se débarrasser de la chimie de synthèse et leur suspicion à l'égard de la technique sont esthétiques. C'est leur distinction qui les pousse à redécouvrir des méthodes ancestrales pour produire des vins vivants. Ce n'est pas une affaire idéologique, c'est une question de style. "Je ne me méfie pas du soufre par principe, explique Anselme Selosse, en Champagne. Je m'en méfie en tant qu'il dégrade les éléments d'élégance du vin." Plaisir, amitié, les vins qu'il défend sont ceux des copains. Des vins pas forcément chers, simples, produits sur des terroirs "négligés par les buveurs d'étiquettes[17]"… » À noter, vous trouverez un précieux carnet d'adresses avec celles de caves à vins et caves à manger, de bistrots et restaurants en régions, à Paris et à l'étranger, et bien sûr toutes celles des domaines et des vignerons préférés de Sébastien Lapaque dans de nombreuses régions. Un guide des plus précieux !

François Cérésa, journaliste et écrivain, ancien collaborateur au *Nouvel Observateur*, chroniqueur au *Figaro Madame* et à *Paris Match*, est aussi rédacteur en chef de *Service Littéraire*, le mensuel de l'actualité romanesque. Vos serviteurs collaborent à ce « canard » sans langue de bois.

Préférant les bons restaurants aux bouisbouis, les grands crus à la piquette, ce bel esprit normalement constitué est critique gastronomique dans les colonnes de *Service*

17. Sébastien Lapaque, *Le Petit Lapaque des vins de copains*, *op. cit.*

Littéraire, sous le nom de Jules Magret, puis tient la chronique télé, littéraire et sportive au *Figaro*, au *Madame* et à *Paris Match*. Il est notamment l'auteur d'une vingtaine de romans, dont *La Vénus aux fleurs*, prix Paul Léautaud, *La Femme aux cheveux rouges*, prix Exbrayat, *Les Amis de Céleste*, prix Joseph Delteil, *Cosette*, *Marius, Le Roman de la Bourgogne*, puis *Les Moustaches de Staline,* prix Cabourg du roman. Ce bon vivant a bien voulu répondre à nos questions dans un restaurant vietnamien.

Que veut dire pour vous être un bon vivant ?

F. C. : C'est quelqu'un qui a le sens du rire. Ce qui n'est pas si courant : le rire est devenu quelque chose d'appris. Or, s'il y a bien une chose qui doit être spontanée, c'est le rire. Comme disait Céline : « La chanson est innée, la parole est apprise. » Le rire est inné : on chatouille un bébé, il rit ! Nous, adultes, on se retrouve autour d'une table. Autant que cette tradition se passe bien, avec des bonnes choses, pas forcément de la truffe ou du foie gras. Si c'est du jambon, il est à l'os, il sent la noisette... Être un bon vivant est une quête du bon.

C'est un état d'esprit ?

F.C. : Je n'aime pas ce mot à la mode : convivialité, mais elle signifie être avec des gens de bonne compagnie. Ceux qui privilégient le réseau de l'amitié plutôt que le réseau d'intérêt. C'est-à-dire, ne pas avoir l'idée d'inviter quelqu'un pour un service... Bon vivant rime avec spontanéité. Nucéra ou Boudard pensaient que ce n'est pas parce qu'on a été malheureux quand on a été jeune qu'on doit ennuyer tout le monde. J'ai connu des hommes qui avaient souffert dans leur enfance et qui riaient tout le temps. Alors qu'on connaît des gens qui ont tout et qui font la gueule.

Dans notre monde, beaucoup n'osent plus dire ce qu'ils pensent...

F. C. : Bon vivant est synonyme de santé, d'enthousiasme, d'envie de dire les choses. Par exemple, *Service Littéraire* est un journal de bons vivants où l'on s'exprime avec passion, plaisir, sans contraintes.

Dans une société où l'on fait semblant d'être bon vivant, de respecter, d'être gentil, de sourire, nous, les vrais bons vivants, on ne fait pas semblant. Le mot « bon vivant » ne doit pas être trop lié à la table, à la gastronomie, à l'hédonisme. Je préférerais parler d'un épicurisme de la volonté. Un thème philosophique par excellence qui signifie : quand on veut être heureux, il faut s'en donner les moyens. Comme chez Spinoza ou Stendhal, l'un dans la philosophie, l'autre dans la littérature. Si je devais opposer bon vivant et mal vivant, je dirais que le premier signifie disponibilité d'esprit, le second ennui, esprit mortifère. Les mal vivants sont des zombies conformistes qui ne laissent plus libre arbitre à leur bon sens (dans le sens où, dans la philosophie, on a opposé le bon sens à la raison). Malgré l'ambiance bien-pensante, il faut aimer aimer et parfois, aimer détester. On a l'impression que la noblesse de robe l'a emporté sur la noblesse d'épée. Je suis plutôt d'épée ! Bon vivant va avec bien vivant !

Vous êtes un fin cuisinier. Comment préparez-vous vos repas ?

F. C. : J'aime cuisiner de bonnes choses, donc des produits simples. Je fais mon marché, j'apprécie le contact avec les commerçants. Pas comme dans cette société empruntée, où l'on s'approvisionne dans les supermarchés. Je sens les légumes, je les touche, je discute, je choisis les produits en fonction des saisons. En hiver, les petits pois viennent d'Espagne...

Avez-vous des spécialités ?

F. C. : Ce qui me guide, c'est l'envie de partager. C'est du boulot de faire la cuisine ! J'y passe minimum deux à quatre heures. Je prépare des plats apparemment simples, mais qui sont en réalité compliqués : non pas à cause des sauces, mais si je concocte par exemple un plat de viande avec des légumes, il ne faut pas tout faire cuire en même temps. La viande doit être rôtie dans une poêle antiadhésive, il faut ajouter au dernier moment un peu de beurre, du persil. Il faut faire cuire séparément les carottes et les petits pois. Ensuite, il faut servir avec art. Ce n'est pas de la « ragougnasse » ! Même le pot-au-feu, il faut le dégraisser : on ne le sert pas avec des yeux qui flottent dans le bouillon. Je porte une telle attention à ce que je fais que cela tourne à la maniaquerie. Ma cuisine doit être impeccable : personne n'a le droit de laisser traîner une fourchette. Mes légumes sont alignés, mes herbes, dans une petite assiette… Au moment où je sers, je parsème de ciboulette ou de cerfeuil le plat que j'aurais mis du temps à architecturer dans l'assiette. La cuisine des bons vivants est esthétique. Les cuisiniers l'ont compris : la cuisine est devenue de l'art.

Vous avez beaucoup d'amis cuisiniers…

F. C. : J'ai été critique gastronomique. Mes amis furent Jean Troisgros, Bernard Loiseau, Guy Savoy, Joël Robuchon avec qui je suis intime, Alain Ducasse, Michel Guérard… Les trois quarts sont venus dîner chez moi dans la bonne humeur et le plaisir. S'ils sont arrivés à un tel point de perfection dans la cuisine et dans l'organisation générale de leur restaurant, c'est parce qu'ils ont le goût de l'excellence. Ils ne roulent pas les clients en leur donnant deux radis beurre et un bout de truffe à 450 euros ! Pourtant, il faut savoir que les produits de qualité sont chers, la grande cuisine demande beaucoup de personnel. À Cancale, Roellinger par exemple (un chimiste de formation qui connaît bien les épices) a arrêté : il en avait assez. Garder les trois étoiles est terriblement lourd, une pression que certains ne supportent plus. Cela a contribué à faire disparaître Bernard Loiseau. On passe d'un plaisir à des contraintes énormes : c'est le suicide de Vatel ! C'est tellement ingrat qu'il y a beaucoup de dépressifs parmi les cuisiniers. Ils préfèrent ouvrir un bistrot et vendre leurs trois étoiles.

On peut trouver du plaisir en mangeant une tranche de jambon en bonne compagnie. S'offrir un grand plat est devenu une cérémonie rare. Il faut au moins entre 200 et 400 euros pour dîner dans un grand restaurant. Tout le monde n'a pas les moyens ! Avec Éric Neuhoff et Valérie Gans[18], nous faisons partie du Goncourt du bistrot organisé par *Le Guide Lebey des bistrots*. Nous nous rendons dans des restaurants présélectionnés et nous choisissons celui qui nous semble être le meilleur. Ils sont high-tech, mais il y a aussi un retour à la grande tradition : on y mange du veau, du porc, des abats… Une cuisine que l'on peut déguster si elle est allégée. Les formules type tapas marchent bien.

Et les vins ? Que pensez-vous de cette polémique sur les vins naturels ou pas ?

F. C. : J'en ai marre d'entendre ce discours du style : « Il faut faire parler la vigne, le vigneron, la terre. » À force de faire parler la terre, on a l'impression de boire du vinaigre ! Je préfère boire un bon vin qui me fait du bien quand ça passe dans le gosier. Cela n'a rien d'intellectuel. Certains vins bios feraient lever la queue à un ver ! Je préfère les

18. Journalistes et écrivains.

vins chauds, les vins gaulois, gallo-romains, les vins d'épice. Ceux qui viennent de Côtes du Rhône jusqu'aux coteaux du Languedoc : les saint-chinian, les corbières, des vins superbes qui titrent entre 14 et 15 degrés. C'est du chocolat ! Je ne peux plus boire des vins de Bordeaux, ces petits vins pseudo-intellos aigrelets qui coûtent un maximum. Quant aux bourgognes, je n'arrive plus à en trouver des buvables. Un très bon bourgogne coûte 100 euros la bouteille. Par exemple, avec les Comtes Lafon, un excellent bourgogne, tu casses ta tirelire ! On peut se faire plaisir avec les vins de la côte chalonnaise. Des petits vins autour de la Bourgogne, du même cépage : c'est quand même formidable, dans cette région, à partir d'un cépage pour le vin rouge, on a le pinot noir, prince. Une merveille qui fond. Dans la région de Montpellier, ce sont des assemblages : il y a syrah, grenache, mourvèdre, trois cépages superbes et médiévaux. Les plus vieux cépages. Des vins bons depuis une quinzaine d'années. Quand on dit : « On masque le goût des vins, ils sont vanillés », je réponds : je préfère qu'ils soient vanillés, mis en barrique plutôt qu'ils aient un goût de vinaigre. J'ai un ami restaurateur qui ne me fait boire que des vins dits naturels. Après, j'ai mal au ventre ! Maintenant, j'y vais avec ma bouteille, je refuse de boire ses « picratons » à 6 euros. Alexandre Dumas disait que le vin était la partie intellectuelle d'un repas ! Je suis plus attiré par les vins du sud-est de la région méditerranéenne que par ceux du Sud-Ouest, de la région Atlantique. Les bons bordeaux coûtent une fortune, les petits bordeaux ne valent pas un clou ! En revanche, les côtes du ventoux qui étaient le pinard du charbonnier sont devenus délicieux. J'aime bien aussi les vendanges tardives en Alsace.

Conclusion

Ils en ont plus qu'assez, les bons vivants, d'être montrés du doigt par les grands prêtres de la pensée unique, d'être désignés comme les cancres d'une société pusillanime qui élève la prohibition généralisée au rang d'impératif catégorique et de morale absolue ! Assez d'être condamnés à rester au coin, avec un bonnet d'âne, mauvais sujets, mauvais citoyens ! Assez de devoir supporter les névroses de gouvernants qui condamnent, *ex cathedra*, ceux qui s'adonnent, dans une semi-clandestinité, à des plaisirs désormais coupables : fumer pour partager un moment de convivialité gratuite ; boire pour oublier la morosité ambiante et faire danser les papilles ; parler sans avoir à tourner sept fois sa langue dans sa bouche, de peur de dire une phrase qui entraînerait le versement de dommages et intérêts à quelques frileux, racornis, couilles molles à l'affût du moindre faux pas. Et pourtant, ils n'ignorent pas, ces bons vivants toujours coupables, que les épicuriens étaient déjà, des siècles avant Jésus-Christ, traités de « pourceaux » par d'autres moralistes – aux moins ces infréquentables avaient-ils le sens de l'amitié au point de reconnaître en elle un instrument de salut à même de pouvoir faire de ses adeptes des hommes nouveaux !

Ils en ont plus qu'assez les bons vivants de vivre dans un monde où, si l'on veut satisfaire quelques désirs, quelques plaisirs, il faut le faire en douce, en catimini, à la dérobée ; assez d'être surveillés comme des sauvageons, des délinquants, des mutins, des contrevenants ! On ne pourra bientôt plus ouvrir une bouteille sans être fiché, entrer dans un bar sans être filmé ! La notion même de plaisir semble presque une incongruité, au nom de la volonté d'imposer un monde lisse, insipide, sans âme, sans relief ! Les tenants du système préfèrent la « satisfaction » d'être un homme sain dans un corps sain, une société purifiée des tentations de jouir. Partout, des normes ; partout, des frustrations, des mises en garde ! Boire avec modération, adieu l'ivresse ! Fumer tue ! – mais bien sûr, personne ne dit le contraire ; baiser aussi peut tuer – comment penser autrement ? Vivre tue. Surtout quand on voit se multiplier les hordes de trouble-fête qui vous obligent à la clandestinité ! Ne resterait que le droit de ne pas se faire remarquer, d'être dans le rang, le doigt sur la couture du pantalon, aux ordres, sans moufter, sans rechigner, sans soupirer. Tu dois seulement crier haut et fort : « Chef, oui chef ! », obéir et la boucler. Le nouvel ordre moral attend de vous que vous soyez dociles, pépères, rantanplan. Ne bêle pas, mouton, tu attristes ton berger ! Sois responsable, citoyen du monde global, retiens tes pets, trie tes ordures et marche droit ; regarde-les se frotter les mains alors que tu te sens coupable de tout : de prendre un bain, de réchauffer ton bœuf mode, de laver tes girolles à grande eau ! Et d'ailleurs, tu es né coupable – mieux aurait valu que tu ne naisses pas, ta présence accroît le malheur du monde, pollue dès que tu expires des bouffées de CO_2 ! Alors, pour ne pas te sentir mourir selon leurs lois, bon vivant notre ami, tu rues dans les brancards, tu pestes, tu râles et tu ronchonnes, tu te révoltes et tu t'amuses à regarder vivre ces bien-pensants sinistres, aseptisés, précautionneux, pleutres et donneurs de leçons. Toute cette clique qui travaille à entretenir la peur : de l'autre, de ses appétits, de ses envies, du voisin, de la différence... Tu t'insurges en pensant que tu ne peux plus rester seul dans un bureau avec une femme sans risquer d'être accusé de harcèlement, et, pis encore, de demander du feu à une jolie fille dans la rue : non seulement ta démarche pourrait l'inciter à fumer (bientôt passible des travaux forcés), mais encore tu pourrais être inquiété d'avoir osé aborder et peut-être draguer une inconnue, pauvre biche affolée par un prédateur terrible ! Marche dans les passages piétons sans mordre sur la chaussée, ne bois jamais de champagne, de cocktails, de digestifs, ce sont des manières de dégénérés (tu as droit à l'eau claire, au sirop antitussif, à la tisane sans sucre, au lait pasteurisé). N'allume plus ni barbecue ni havane, tu pues ! Tu accrois le déficit de la Sécu parce que, c'est certain, tu vas crever du cancer dans des souffrances atroces que tu as bien cherchées, tu vas crever comme une bête qui bave ; ne mets pas non plus le feu aux poudres, ne jette pas davantage d'huile sur le feu en ayant le culot de dire ce que tu penses de cette mascarade, de ce culte fondamentaliste de la prohibition !

Bon vivant mon ami, il te faudra bien du courage pour continuer de vivre comme tu le fais, mais toi qui ne désespères jamais, qui regardes tout avec confiance, espoir et humanité, qui as autre chose à faire de ta vie qu'à condamner sans relâche, qui ne crois pas que l'optimiste soit une maladie vénérienne, au moins peux-tu compter sur la complicité joyeuse de quelques congénères, complices de doux moments et, grâce à eux, oublier que tu vis comme un débauché, un salaud, un nuisible, pour avoir si peu de considérations pour la modération, les assurances tous risques, les parcours balisés. Si seulement toute ce ramassis avait ne fût-ce qu'un millième de ta tolérance et de ta bonne humeur ! Mais rien de tel ; ce qui les fait jouir, c'est de t'empêcher de vivre, de parler, de profiter de l'instant, c'est de t'enfermer dans une chambre froide et stérile de ton vivant, comme un échantillon, un papillon épinglé sur une planchette de liège ! Pour mémoire, pour l'exemple, afin que les générations futures vivent cent vingt ans d'un ennui viscéral et finissent par se faire une vague idée de ce qu'étaient les bons vivants en allant consulter des documents interdits : menus de fête, mémoires d'un gastronome, éloges des fumeurs de pipes, des amateurs de cigares, de bas armagnacs, de grands crus classés, de fricassées, de mitonnades, de quenelles à la Louis XIV et d'omelettes aux truffes géantes, *Tuber melanosporum*...

Mais le doux paradis des amateurs, par bonheur, n'est pas celui des pourfendeurs, des rigoristes, des sectaires, des censeurs ! Puisse notre art de vivre en convaincre plus d'un et dissuader et dissoudre à terme cette minorité qui nous opprime au lieu de nous laisser en paix !

Une fois pour toutes, le bon vivant est le dernier avatar du *dissident* dans une société qui fait semblant d'ignorer qu'elle dérive vers le totalitarisme moral.

TABLE

Des mêmes auteurs

Emmanuelle de Boysson

Méditerranée, avec Claude-Henry du Bord, TF1 Éditions, 2001.

Le Secret de ma mère, Presses de la Renaissance, 2003.

Georges Izard, avocat de la liberté, Presses de la Renaissance, 2003.

L'Amazone de la foi. La Fascinante Histoire de Madeleine de la Peltrie, pionnière du Nouveau Monde, Presses de la Renaissance, 2005.

Le Cardinal et l'hindouiste, Albin Michel, 1999, Petite Renaissance – Spiritualité, Presses de la Renaissance, 2008.

Les Grandes Bourgeoises, JC Lattès, 2006, Pocket, 2007.

Femmes : Les grands rendez-vous de votre vie, Presses de la Renaissance, 2007.

Les secrets des couples qui durent, Presses de la Renaissance, 2005 ; J'ai Lu, 5 vol., 2008.

Ami Amie pour la vie, avec Claude-Henry du Bord, éditions du Rocher, 2009.

Les Nouvelles Provinciales, JC Lattès, 2008 ; J'ai lu, 2010.

Claude-Henry du Bord

Poésie, romans :

Au-delà du miroir, poèmes, Art et Poésie, 1976 (épuisé).

La Divine Imposture, poème, Art et Poésie, 1977 (épuisé).

De l'utilité du lest, poème, deux eaux-fortes de Robert Clévier, L'Atelier contemporain, 1992.

Méditerranée, roman, avec Emmanuelle de Boysson, TF1 Éditions, 2001.

Le Verbe Vivre suivi de *L'Invention du corps*, poèmes, Cahiers Bleus, 2004.

On ne choisit pas d'aimer, roman, ZurfluH, 2008.

Ceci, poème, encres de Corine Sylvia Congiu, éditions Signum, 2008.

Éloge du vivant, œuvres poétiques 1980-2010, *Le Verbe Vivre ; L'Invention du corps ; De l'utilité du lest, poème ; Chants nus ; Écarts ; Encore et toujours ; 137.* ZurfluH/Cahiers Bleus, 2010.

Œuvres critiques, essais :

Salah Stétié : une inversion fondamentale ou la Parole au domaine de l'Être, in *Itinéraires de Salah Stétié*, L'Harmattan, 1996.

Guide du musée de la musique, Réunion des musées nationaux, 1997.

*À propos d'*Immédiatement *de Dominique de Roux*, dossier H. L'Âge d'Homme, 1997.

Le Livre des Merveilles (*et alii*), Patrologie grecque et latine, Fleurus Mame, 2000.

Bibliothèque universelle, Encyclopedia Universalis, version CD-Rom, domaines slave, français, italien, anglais, américain, irlandais, belge, 2001.

Les Étoiles de Paris. Un itinéraire historique et gastronomique, éditions AM Editores, bilingue anglais/espagnol, Mexico, 2004.

Jean Mambrino, poète de la lumière (*et alii*), Cahiers Bleus N° 19, Critiques, recensions, hommages, Troyes, 2005.

Le Christianisme. Histoire, courants, cultures, Eyrolles, 2005.

La Philosophie, Eyrolles, 2007.

Panorama de la philosophie occidentale, Didier, Québec, 2007.

Ami amie pour la vie, essai sur l'amitié homme-femme, éditions du Rocher, 2009.

La Beauté des femmes mûres, Alphée, 2010.

La Pluralité des mondes de Jean Mambrino, dialogues et méditations sur l'œuvre de Jean Mambrino, éditions du Cerf, 2010.

Anthologie de la littérature érotique du Moyen Âge à nos jours, Eyrolles, 2010.

Œuvres lyriques :

Le Trésor de la nuit, opéra pour marionnettes, musique d'Alain Féron, commande de la Cité de la musique, 1996.

D'un seuil à l'autre, poème mis en musique par Bernard de Vienne, commande de Radio France, ZurfluH, 2000.

Chants nus, six mélodies pour soprano et piano, musique de Bernard de Vienne, ZurfluH, 2004.

137, paraphrase du psaume 137, musique de Bernard de Vienne, ZurfluH, 2004.

L'Oiseau de paradis perdu, conte pédagogique sur une musique de Bernard de Vienne, commande d'État, ZurfluH, 2004.

Traductions :

Chopin, Szymanowski et leurs poètes (*et alii*), poèmes, Cahiers Bleus/Librairie Bleue Poésie, Bilingue, 1999.

Cyprian Norwid, *Sur Chopin*, prose et poésie, bilingue, Lodart, Lodz, 1999.

Lidia Zukowska, *Le Rêve sans fin*, poèmes, bilingue, Oficyna Krakowska, 2000.

Andrzej Kusniewicz, *Eroica*, roman, préface de Claude-Henry du Bord, éditions des Syrtes, 1999.

Jan Twardowski, *Dépêchons-nous d'aimer*, poèmes, Amis de Hors Jeu Éditions/Éditions de l'Écritoire, 1999.

Le Vent (*et alii*), poèmes de Pologne, Cahiers Bleus N° 12, 2000.

Karl Dedecius, *Panorama de la littérature polonaise du XXe siècle, poésie 1 et 2* (*et alii*), Noir sur Blanc, 2000.

Theresa Tomsia, *C'est plus beau*, poèmes, trilingue polonais, français, allemand, Verlag Im Wald/Éditions En Forêt, 2000.

Cyprian Norwid, *Lumières du royaume* (*et alii*), poèmes, éditions Bénédictines, 2001.

Maria Nurowska, *Celle qu'on aime*, roman, Phébus, 2001.

Andrzej Czcibor-Piotrowski, *Un amour couleur myrtilles*, roman, Robert Laffont, 2001.

Christophe Jezewski, *Mini-Mots*, Librairie Bleue, N° 15, 2002.

Jean-Paul II, *Mon livre de méditations. Pour ceux qui souffrent, qui doutent, qui espèrent*, (traduit de l'italien et du polonais), éditions du Rocher, 2004.

Anna Bolecka, *Mon cher Franz*, roman, Sabine Wespieser, 2004.

Cyprian Norwid, *Vade Mecum* (*et alii*), Noir sur Blanc, 2004.

Écrits sur la main (*et alii*), poèmes de Pologne, Cahiers Bleus N° 13, 2004.

Krzysztok Baczynski, *L'Insurrection angélique*, poèmes, éditions du Cri, 2005.

Christophe Jezewski, *L'Épreuve du feu* précédé de *Les Vignes de l'espace* (*et alii*), poèmes, Cahiers Bleus, 2005.

Hommage à Jean-Paul II, poèmes et essai, Liberté Politique, 2005.

Krzysztok Baczynski, *Testament de feu*, poèmes, Arfuyen, 2006.

Passages, voix polonaises, Cahiers Bleus N° 21, 2007.

Cyprian Norwid, *César et Cléopâtre*, théâtre, postface de K. Braun, Cahiers Bleus, 2007.

Tadeusz Rozewicz, *Regio et autres poèmes*, édition bilingue, préface de Claude-Henry du Bord, prix européen de traduction, Arfuyen, 2008.

Jean-Paul II, *Mon dernier livre de méditations pour le troisième millénaire*, éditions du Rocher, 2008.

Michal Rusinek, *Le Petit Chopin*, Snak, Cracovie, 2009.

Le pire est certain, anthologie de la poésie catastrophiste polonaise du XXe siècle, Cahiers Bleus, collection « Cultures d'Europe », 2009.

Le Porche, Association des amis de Jeanne d'Arc et de Charles Péguy, poésie de Pologne, N° 30, Orléans, 2009.

Cyprian Norwid, *Chopin*, édition augmentée, bilingue, éditions Amitié franco-polonaise, Varsovie, 2009.

Christophe Jezewski, *L'Au-delà du rêve*, livre d'artiste, dessins de Pawel Jocz, bilingue, éditions Correspondance des Arts, Lodz, 2009.

Karol Szymanowski, *Écrits sur la musique*, ZurfluH, 2010.

Cyprian Norwid, *Poèmes 1835-1883* (*et alii*), 2 volumes, Cahiers Bleus, collection « Culture d'Europe », 2010.

Composition et mise en pages réalisées par
Sud Compo - 66140 - Canet-en-Roussillon
67/2010

Éditions du Rocher
28, rue du Comte-Félix-Gastaldi
98000 Monaco
www.editionsdurocher.fr

Achevé d'imprimer par SAGIM en avril 2010
sur rotative Variquik à Courtry (Seine et Marne)

N° d'impression : 11857
Dépôt légal : avril 2010
Imprimé en France

L'imprimerie Sagim est titulaire de la marque Imprim'vert® depuis 2004